QUATRIÈME ÉDITION POPULAIRE

HISTOIRE

DU

SAINT SUAIRE

DE CADOUIN, EN PÉRIGORD

Par le R. P. CARLES

Missionnaire.

TOULOUSE

SISTAC ET BOUBÉE, ÉDITEURS-LIBRAIRES

14, RUE SAINT-ÉTIENNE, 14.

HISTOIRE

DU

SAINT SUAIRE

DE CADOUIN

Propriété.

TOULOUSE, IMP. HÉBRAIL, DURAND ET DELPUECH.

QUATRIÈME ÉDITION POPULAIRE

HISTOIRE

DU

SAINT SUAIRE

DE CADOUIN, EN PÉRIGORD

Par le R. P. CARLES

Missionnaire.

———— ✳ ————

TOULOUSE

SISTAC ET BOUBÉE, ÉDITEURS-LIBRAIRES

14, RUE SAINT-ÉTIENNE, 14.

AU LECTEUR

La Relique de Cadouin était peu connue, il y a vingt ans, et cet ancien pèlerinage n'était fréquenté que des paroisses voisines. Aujourd'hui, Cadouin prend rang parmi les sanctuaires les plus vénérés de France, et il retrouve peu à peu les gloires de son passé. Nous savons par l'histoire que sa dévotion brilla d'une grande splendeur pendant plusieurs siècles et fut une des plus célèbres de l'univers. Le mouvement des pieux visiteurs a recommencé et le pèlerinage national y est venu, le 18 août 1876.

Depuis que Mgr l'Evêque de Périgueux a fait très-solennellement la translation du saint Suaire, on a senti partout le besoin d'en connaître l'histoire. Je vous l'offre, cher lecteur, en quelques pages, qui vous diront à peu près tout ce qu'il faut savoir à ce sujet.

J'ai vu bien souvent la sainte Relique; je l'ai touchée de mes mains ; je l'ai examinée attentivement et j'en ai fait l'ostension. J'ai cherché avec grand soin tout ce qui touche à son histoire, à Cadouin et à Toulouse. Le lecteur qui vou-

dra connaître les sources et les documents qui
s'y rattachent, n'aura qu'à lire l'histoire plus
étendue, que je publiai en 1875.

Le présent volume est essentiellement populaire. Il a obtenu l'approbation de Mgr l'Evêque
de Périgueux et de quelques autres membres
éminents de l'épiscopat. J'ai cru devoir le com-
pléter, en touchant la question de la pluralité
des Suaires, celle du symbolisme, et en donnant
un aperçu sur l'abbaye et le cloître de Cadouin.

Les abords de Cadouin sont aujourd'hui faci-
les au moyen de deux voies ferrées.

Les missionnaires de Saint-Lazare font le service de la paroisse et du pèlerinage, et une maison des Filles de la Charité a été établie dans le
voisinage de l'église.

Qui que vous soyez, cher lecteur, à qui
j'adresse ces pages, venez à Cadouin. Visitez avec
dévotion ce vénérable sanctuaire, qui est un des
lieux saints de France. Prosternez-vous à votre
tour devant l'incomparable Relique, à la suite de
tant de générations. C'est l'heure maintenant de
paraître chrétien. Vous trouverez à Cadouin les
plus douces consolations et le gage assuré de votre
salut éternel.

I

PLURALITÉ DES SUAIRES

Les Juifs avaient coutume d'employer plusieurs linges ou suaires pour l'ensevelissement de leurs morts ; ils mettaient un soin particulier à préparer toutes les choses nécessaires à la sépulture et ils y multipliaient les parfums. Nous savons par l'Evangile que le corps adorable de JÉSUS-CHRIST fut enseveli à la manière des Juifs (S. JEAN, XIX, 40). Ne nous étonnons pas si plusieurs églises se glorifient de posséder un des Suaires du Sauveur ou une portion. C'est la remarque du savant Gretzer (*De Cruce*, cap. 85).

La pluralité des Suaires est démontrée par le texte même de l'Evangile, par la tradition chrétienne et par l'histoire des Juifs.

L'Evangile nomme plusieurs des linges funèbres qui servirent au Sauveur : le *Sindon* ou grand linceul, le *Suaire* qui couvrait le visage et les bandelettes. Il faut en admettre plusieurs autres encore, car le corps de Jésus fut embaumé et enseveli par des mains pieuses et opulentes.

La quantité des parfums employés pour l'embaumement en fait voir la nécessité : Nicodème apporta, au Calvaire, une composition de myrrhe et d'aloès d'environ cent livres ; et, deux jours après, les saintes femmes achetaient encore des aromates pour venir au sépulcre. Il fallait plusieurs linges pour soutenir tous ces parfums.

Nous savons, du reste, que les Juifs avaient emprunté aux Egyptiens la manière d'ensevelir leurs morts ; ces deux peuples ont eu des rapports nombreux, et, pendant quelque temps, leurs histoires se mêlent et se confondent. Il est raconté, dans l'Ecriture, que le patriarche Jacob, étant mort en Egypte, il fut enseveli avec tout le cérémonial en usage dans ce pays ; on ne mit pas moins de quarante jours pour embaumer son corps, et les Egyptiens firent un deuil public de soixante-dix jours. Lorsque Joseph, son fils, eut rendu le dernier soupir, il fut enseveli de la même manière et avec les mêmes cérémonies. Les Hébreux emportèrent ces traditions, avec les os de leurs ancêtres, quand ils vinrent s'établir dans la Palestine. Les Juifs, dit Fleury, embaumaient à peu près comme les Egyptiens, entourant le corps d'une grande quantité de drogues desséchantes. Or les Egyptiens employaient une grande masse de linges dans les sépultures. On peut s'en convaincre par l'inspection et l'étude des momies, conservées dans les musées de l'Europe. L'épaisseur des linges, qui les recouvrent, dépasse de beaucoup celle du corps, et il ne faut pas moins de deux heures pour enlever successivement les bandelettes et les linceuls, dont les diverses couches sont chargées de parfums.

Chez les Juifs, les pompes de la sépulture occasionnaient des dépenses si considérables, dit Baronius, qu'elles furent diminuées, plus tard, sur le conseil du docteur Gamaliel. Voici, d'après le rabbin Jacob, qui vivait au Ve siècle, le mode d'ensevelissement usité : d'abord, on fermait les yeux du défunt et on mettait une bande sous le menton, pour réunir les deux mâchoires et fermer la bouche ; quelquefois, on en mettait une également sur les yeux ; on coupait les cheveux de la tête, mais on les laissait aux condamnés à mort : ils ne furent pas coupés au Sauveur. Avant d'embaumer le corps, on le lavait avec un très-grand soin, ce qui exigeait plusieurs linges ; on appliquait ensuite les aromates, en enveloppant séparément chaque membre, de telle sorte que les premières bandelettes faisaient le tour des bras et des mains, des jambes et des pieds, et ensuite de tout le corps, après l'application du suaire et de quelques linceuls. Ce premier embaumement était suivi de plusieurs autres semblables ; on répandait encore des aromates autour du corps, sur de nouveaux linges, qui l'enveloppaient tout entier, et on les serrait avec d'autres bandelettes. Cette opération se répétait plus ou moins souvent, selon la qualité du défunt, ou la richesse des héritiers[1], car l'embaumement durait quarante jours. Il pouvait y avoir ainsi jusqu'à six et même sept enveloppes successives, et les bandelettes étaient si nombreuses, qu'elles faisaient plus de cent fois le tour du corps. La finesse elle-même des toiles égyptiennes, qui ressemblent à des étoffes de soie très-légère, prouve qu'elles devaient être très-multipliées.

L'Evangile nous apprend que, le jour même de la résurrection, les saintes femmes revenaient au sépulcre avec de nouveaux parfums, pour continuer l'embaumement, commencé depuis deux jours. Ce fut inutilement; d'où il faut rigoureusement conclure que le corps de Notre-Seigneur ne fut pas, il est vrai, enveloppé de cette qantité très-considérable de linges, qu'on trouve dans les momies, mais il est incontestable qu'il y

[1] Josèphe raconte qu'aux funérailles du roi Hérode, cinq cents esclaves furent employés à porter les aromates, qui devaient servir à la sépulture. (*Antiq. Judaïq.*, liv. VII, chap. viii.)

en eut un assez grand nombre employés à sa sépulture. Tout le démontre : d'abord le mode lui-même d'ensevelissement qui est bien connu, la quantité des parfums achetés, la richesse des saintes femmes et des disciples, et, avant tout, le respect infini qui était dû à Jésus-Christ et qui fut témoigné si souvent à sa divine personne. Marie-Madeleine n'épargna pas les parfums, qu'elle répandit sur sa tête; cette profusion généreuse, en excitant les réclamations de Judas, donna occasion au Sauveur de proclamer les honneurs extraordinaires qu'il recevrait après sa mort. Qui osera dire qu'on usa de parcimonie à ce moment suprême, où l'amour ne connaît plus de bornes ? On peut donc affirmer sans crainte, contrairement à quelques auteurs, qu'on n'a pas trop multiplié les Suaires, et que tous ceux dont l'histoire fait mention, ne sont pas assez nombreux pour effrayer notre bonne foi. Il est probable, au contraire, que nous ne les connaissons pas tous; plusieurs de ces linges sacrés ont dû périr dès les premiers siècles; quelques-uns ont traversé le moyen-âge, et c'est le plus petit nombre qui est arrivé jusqu'à nous. Enfin, parmi tant d'églises qui ont possédé des Suaires, ne sait-on pas que le plus grand nombre n'en avaient que des portions et quelquefois seulement des parcelles [1] ?

Ajoutons qu'au moyen-âge et aux siècles antérieurs, l'usage était établi, parmi les pèlerins de Jérusalem, de faire bénir, au Saint-Sépulcre, des suaires, qu'ils gardaient ensuite par dévotion, ou qu'ils conservaient pour leur sépulture ; quelques-uns étaient peints et portaient l'image du Sauveur dans son tombeau. Il peut même se faire, dit Gretzer, qu'ils aient obtenu un culte en quelques

---

[1] Quelques auteurs nous disent que lorsqu'on descendit le corps sanglant de la croix, on le déposa sur un drap, où il fut lavé et parfumé ; mais ce drap ne dut pas servir dans le sépulcre, car il était mouillé et devait porter des traces de sang. En outre, quand on l'eut couvert du Suaire, enveloppé de linceuls et lié avec des bandes, il était encore convenable et décent à la majesté du Fils de Dieu, qu'on étendit quelques linges à l'endroit où il devait être posé.

Il est prouvé que les Egyptiens et les Juifs coiffaient leurs morts. Le linge, qui servit ainsi au Sauveur, est vénéré dans la cathédrale de Cahors, sous le nom de Sainte-Coiffe.

lieux; on les regardait comme sacrés, parce qu'ils représentaient un vrai Suaire avec l'image de JÉSUS-CHRIST, ou parce qu'ils l'avaient touché, ou parce qu'ils avaient été appliqués sur les ossements d'un martyr, et on les appelait : *Sanctuarium, Brandeum*. Mais on ne les confondit jamais avec les vraies reliques de la Passion du Sauveur, et jamais ils n'obtinrent cet éclat et cette renommée que les miracles et la dévotion des peuples ont donnés aux Suaires véritables.

Enfin ces vénérables reliques du sépulcre de Notre-Seigneur ont chacune leur physionomie particulière, pour ainsi dire, à cause du caractère spécial qu'elles offrent au regard : semblables à des pierres précieuses, qui diffèrent de forme et de couleur, en conservant chacune un prix inestimable. Tous les Suaires n'ont pas la même grandeur, ni la même forme ; mais, il est probable qu'ils sont tous en lin ou fil, et leur tissu est d'une très-grande finesse. Quelques-uns ont conservé la couleur blanche, comme celui de Compiègne ; d'autres portent des taches de sang et d'aromates, comme ceux de Cadouin et de Cahors. Il y en a qui offrent l'image miraculeuse du Sauveur, l'image de la face, comme dans les Véroniques, ou l'image du corps entier, comme dans les Suaires de Besançon et de Turin. Quelques Suaires ne présentent à l'œil qu'un tissu simple et uni ; d'autres, en plus grand nombre, montrent un dessin gracieux, faisant partie du tissu lui-même, et de la même couleur que lui. A Cadouin, le tissu est uni, mais il y a une belle bordure en couleur, de chaque côté, dans le sens de la largeur. Enfin, la tradition affirme que quelques-unes de ces reliques sont l'ouvrage manuel de la Vierge MARIE. Ces linges précieux étaient les témoignages du dévouement des saintes femmes envers le Sauveur, et surtout de la piété et du tendre amour de sa Mère.

II

LE SUDARIUM CAPITIS

Le nom de Suaire a été donné indistinctement à tous les linges funèbres qui ont servi à la sépulture de Jésus-Christ, et même à quelques autres qui se rapportent seulement à la Passion[1]. Dans un sens plus particulier, ou proprement dit, le nom de Suaire s'applique, tout spécialement, au

[1] On donne le nom de Suaire aux véroniques, au linge dont se servit Notre-Seigneur pour essuyer les pieds des Apôtres avant la Cène, etc.

linge qui couvrait la tête et le visage des morts. Nous lisons dans l'Evangile que la tête de Lazare, dans le tombeau, était enveloppée du Suaire : *Facies illius Sudario erat ligata* (S. JEAN, XI, 44). Au matin de la Résurrection, saint Jean et saint Pierre allèrent au tombeau ; celui-ci entra le premier dans le sépulcre, et il vit les linceuls à terre avec le Suaire de la tête du Sauveur, qui était séparé des linceuls et plié séparément (S. JEAN, XX, 6). Ce linge, distingué des autres, est le *Sudarium Capitis* ou le *Suaire* proprement dit, celui que l'Evangile appelle spécialement le *Suaire*. Ce n'était pas un simple mouchoir, mais un drap assez ample pour couvrir le corps, depuis les genoux jusqu'au sommet de la tête, en se repliant ensuite sous elle : offert par l'amitié d'un parent ou la tendresse d'une mère, il était le dernier gage, donné à un mort chéri, qui allait disparaître à jamais.

Voilà notre Suaire. Tous ceux qui en ont parlé en font une estime particulière ; ce linge, en effet, est le premier et le principal de la sépulture, et il est le seul dont l'histoire

soit bien connue dès les premiers siècles.
Il a été sanctifié par l'attouchement immédiat
du corps sacré de Jésus-Christ ; aussi paraît-
il, en certains endroits, taché et empourpré
de sang, de la sueur et des parfums, dont il
fut comme baigné, sa couleur tirant un peu
sur le rouge. Il n'en faut pas dire davantage
pour faire entendre le respect qu'il mérite.
Si les corporaux de la messe, qui n'en sont
qu'une figure et une représentation, sont
traités avec tant de soin, on comprendra le
cas qu'il faut faire du *Suaire* de Jésus-Christ,
qui est une des plus grandes reliques que
possède l'Eglise.

Baronius, qui suit ici le sentiment de
Métaphraste, nous apprend que ce Suaire
aurait été donné à Joseph d'Arimathie par
la Vierge Marie elle-même, qui l'avait pré-
paré de ses mains. « Voyant le corps mort
« de son Fils, elle éprouva les plus doulou-
« reux sentiments ; comme on le descendait
« de la croix, elle aida de ses mains mater-
« nelles ; lorsque les clous furent enlevés, elle
« les mit dans son sein ; elle le reçut ensuite
« dans ses bras, le tenant sur ses genoux et

« lavant ses plaies de ses propres larmes ; en-
« fin, le pressant contre son cœur : O Sei-
« gneur, dit-elle, sans le moindre trouble, le
« mystère des siècles est enfin accompli ! Et
« donnant le Suaire aux mains de Joseph, elle
« lui dit : C'est à vous maintenant de pren-
« dre soin de la sépulture, de l'envelopper de
« ce linge, de l'embaumer et de lui rendre les
« honneurs qu'il mérite [1]. » Il ne sera pas
difficile d'ajouter foi à cette tradition, si on
songe que la Vierge MARIE eut toujours pour
son Fils l'amour le plus ardent ; et comme,
lorsqu'il était enfant, elle fut très-heureuse
de lui faire une tunique, qu'il devait garder
toute la vie, ne peut-on pas croire avec
fondement qu'elle lui prépara le Suaire
qui devait l'envelopper dans son tombeau,
et qu'elle le tissa elle-même de ses mains
virginales ? Ceux qui l'ont vu de près ont
admiré la finesse de ce tissu, qui est en lin,
et la beauté particulière de deux bordures
aux couleurs variées, qui sont un ouvrage

---

[1] MÉTAPHRASTE, 15 août.

oriental très-exquis et travaillé par des mains extrêmement habiles[1].

' Ces considérations montrent combien ce Suaire est plus précieux que les autres, qui n'ont pas une semblable origine et qui sont des étoffes ordinaires acquises à prix d'argent. Si le roseau, les clous, la croix et la couronne ont été des instruments d'ignominie, dans l'intention des Juifs coupables, le saint Suaire donné par la Vierge MARIE et fait de ses mains paraîtra, au contraire, un instrument de gloire, plus vénérable que tous les autres objets qui ont servi à la passion et à la mort de JÉSUS-CHRIST.

Comment le Suaire a-t-il été conservé dans les premiers siècles, et quelles vicissitudes a-t-il traversées? Voici la légende de son invention, donnée par les historiens :

« Après l'Ascension du Fils de DIEU, un

[1] Il mesure 2m,84 en longueur et 1m,24 en largeur. Il est doublé d'une belle étoffe de soie d'un fond marron avec des bandes de fleurs rouges et violettes. Les deux bordures bien connues sont la meilleure preuve de son authenticité, car il sera toujours impossible de le confondre avec un autre linge.

« juif, converti à la foi chrétienne, déroba le
« Suaire de la têté de Notre-Seigneur Jésus-
« Christ et le conserva de longs jours. Etant
« sur le point de mourir, il dit à ses deux
« enfants : Mes enfants, quel est celui de
« vous qui voudra garder fidèlement ce
« Suaire du Seigneur ? A ces mots, le fils
« aîné, héritier des biens du père, prit le
« Suaire et le vendit à son frère. O prodige !
« dès ce jour, ses richesses commencèrent à
« décroître, et, par suite de divers accidents,
« il les perdit tout à fait ; l'autre fils, au con-
« traire, heureux d'avoir préféré le Suaire de
« notre Sauveur aux richesses paternelles,
« depuis qu'il l'eut acquis par la main de
« son frère, devint, par la faveur divine, très-
« riche en biens temporels, sans être privé
« des biens célestes. Ses descendants fidèles
« le gardèrent jusqu'à la cinquième géné-
« ration ; mais alors, les héritiers venant à
« manquer, le saint Suaire passa entre les
« mains des Juifs infidèles ; ceux-ci, quoique
« indignes de ce trésor, l'ayant conservé avec
« honneur, devinrent à leur tour riches et
« opulents. Or, les Juifs fidèles ayant eu

« connaissance de ces choses, entrèrent en
« dispute avec les infidèles au sujet du
« Suaire, et prirent toutes sortes de moyens
« pour en avoir la possession.

« Cette querelle divisa les habitants de
« Jérusalem en deux partis, les fidèles et les
« infidèles, qui, tous ensemble, allèrent trou-
« ver le roi des Sarrasins, qui s'appelait
« Mahuvias[1]. Celui-ci dit aux infidèles : Re-
« mettez dans mes mains le Suaire sacré que
« vous possédez. Ils obéirent aussitôt. Le
« roi, le recevant avec respect devant tout le
« peuple assemblé, commanda d'allumer un
« grand bûcher. Alors, s'approchant du feu,
« il dit aux deux partis : Que le CHRIST, qu'on
« dit être mort pour le genre humain et avoir
« eu sur sa tête et sur son corps ce Suaire
« que je tiens et qui est entre vous un sujet
« de dispute, soit juge et qu'il désigne par
« la flamme de ce feu quel est celui des deux
« partis qui doit en hériter. En même temps,
« il jeta le saint Suaire dans le bûcher. Le

---

[1] Ce prince est Moaviah, fondateur de la dynastie
des kalifes Ommiades, il régna de 661 à 680.

« feu n'ayant pu le toucher, il monta au-
« dessus des flammes à une grande élévation,
« et après être resté quelque temps comme
« placé entre les deux partis, il vint tomber,
« par la permission divine, du côté des chré-
« tiens. Ceux-ci, rendant grâce à Dieu, levè-
« rent les mains au ciel, et, la tête inclinée,
« reçurent le Suaire du Seigneur avec un
« très-grand respect ; ils le portèrent ensuite
« à Jérusalem en chantant des cantiques de
« louange et le déposèrent dans le trésor
« de l'Eglise. Notre frère Arculphe le vit,
« le baisa et il en a rendu témoignage. Il a
« huit pieds de long [1]. »

Ce premier récit est tiré d'Adamnan, qui
l'écrivit sur le rapport d'Arculphe. Il a été
reproduit par le vénérable Bède, dans son
livre : *De Locis sanctis.*

Le pèlerin Arculphe fit le voyage de Jérusalem au VIIe siècle ; non-seulement il
vit et adora la sainte relique, mais il attesta encore avoir vu une grande église, où

---

[1] *Histoire du saint Suaire de Cadouin.* Paris, Bessin,
1644. — *Tableau de Cadouin.* — BARONIUS. An. 678.

on la conservait, et qui avait été bâtie en son honneur. « Dans ce lieu, dit Adamnan, «'il y a une grande église en l'honneur du « saint Suaire du Seigneur, que nous savons « avoir été sur sa tête et sur son corps, dans « le sépulcre, par la relation qu'en a faite « saint Arculphe [1]. »

Si on veut savoir comment et en quel lieu fut gardé le saint Suaire depuis la résurrection de JÉSUS-CHRIST jusqu'au VIIe siècle, où il fut sauvé des flammes, il suffit de remarquer, qu'au rapport de saint Athanase, deux ans avant que les Romains se fussent emparés de Jérusalem, les fidèles, avertis par des révélations célestes, sortirent en grand nombre de la ville et se retirèrent dans d'autres provinces, emportant avec eux les saintes reliques et autres objets précieux ; que plus tard, au témoignage d'Eusèbe, sous l'empire de Trajan, ils y retournèrent. En l'année 636, les Mahométans entrèrent dans la cité sainte, mais elle ne se rendit qu'à la condition, faite par l'évêque Sophronius,

[1] *Manuscrit de Cadouin.*

que les chrétiens pourraient y exercer librement leur religion. En effet, dit Baronius, les fidèles conservèrent leurs églises, et les pèlerins y venaient de toutes parts. Le saint Suaire fut donc fidèlement gardé, et on put suivre sans peine les détails de son histoire.

III

LE SAINT SUAIRE A CADOUIN

Jérusalem ne garda pas toujours les reliques du Sauveur; la Providence devait les répartir dans le monde. Un monastère du Périgord eut le Suaire en partage.

L'abbaye de Cadouin possédait autrefois des documents et des titres anciens, qui établissaient l'histoire et l'authenticité de cette vénérable relique. Un tableau, écrit sur parchemin, racontant aux pèlerins son invention et son transport en Périgord, fut placé dans l'église en l'année 1135, et y de-

meura exposé plus de cinq cents ans[1]. Le
lecteur a vu précédemment la première partie de ce récit; voici la seconde, qui nous
apprend comment le saint Suaire est venu de
l'Orient; c'est la légende de son transport :

« Plus tard, le Suaire fut recouvré par
« l'évêque du Puy, qui avait fait voyage
« outre-mer. Au moment de sa mort, il le
« confia à un de ses chapelains; celui-ci,
« s'étant embarqué pour revenir, mourut sur
« le vaisseau et laissa son précieux trésor à
« un clerc qui le servait. Ce clerc, qui était
« du Périgord, déposa le Suaire du Seigneur
« dans une église dont il avait la charge et
« qui était voisine de Cadouin[2]. Peu de jours
« après, s'étant absenté, le feu se mit au vil-
« lage et à l'église, brûlant tout ce que la
« flamme rencontrait; mais le coffre, voisin
« de l'autel et contenant le saint Suaire, ne

[1] La même histoire avait été gravée sur une plaque
de cuivre, mais plus sommairement. (*Histoire du
saint Suaire de Cadouin.*)

[2] La tradition désigne *Brunet*, hameau de Cussac
et voisin de Cadouin, comme le lieu de cette petite
église.

« fut pas touché. A cette nouvelle, quelques
« religieux, qui étaient à Cadouin depuis peu
« de temps, accoururent; ils rompirent le
« coffre, et prenant le vase où était le saint
« Suaire, ils l'emportèrent au plus tôt dans
« leur maison. C'était en l'année 1117. Le
« prêtre, de retour, ne trouvant pas son tré-
« sor, vint le réclamer au monastère; mais
« les moines refusant de le rendre, il de-
« manda l'habit religieux et resta toute sa
« vie gardien de ce qu'il avait possédé [1]. »

L'évêque du Puy, dont il est ici question,
est Adhémar de Monteil, légat du Saint-
Siége dans la première croisade. Il recouvra
le saint Suaire à Antioche, l'an 1098, après
la prise de cette ville, où on l'avait porté
avec beaucoup d'autres reliques, pour le sous-
traire aux profanations des Musulmans,
maîtres de Jérusalem. Adhémar mourut en
Orient, emporté par la maladie qui fit mourir tant de guerriers. Il avait trouvé avec le
saint Suaire son histoire, qui accompagna

---

[1] *Tableau de Cadouin.* Cette légende se termine par
ces deux mots : *Positum anⁿ* 1135.

toujours la relique et fut portée en Périgord avec elle. « Le susdit prêtre périgourdin, « qui était de la suite d'Adhémar, ayant « apporté le saint Suaire, y apporta pareille- « ment son histoire suscrite [1], selon laquelle « il conste évidemment que ce Suaire, qui « repose dans l'église de l'abbaye de Ca- « douin, est le même que celui dont parle « le vénérable Bède [2]. »

L'annaliste de Sarlat raconte comment cet ecclésiastique cacha la sainte relique à l'ardente convoitise des autres chrétiens, ses compagnons de voyage. Il prit un baril, au milieu duquel il mit un morceau de bois, qui le divisait en deux parties; dans l'une il mit le linge sacré et dans l'autre sa bois- son. Lorsque le saint Suaire fut sauvé des flammes pour la seconde fois, par les mains des religieux de Cadouin, le prêtre péri- gourdin, qui l'avait porté de l'Orient, vint au monastère le redemander, mais sans pou-

[1] C'est-à-dire la légende de son invention, rappor- tée plus haut.

[2] *Histoire du saint Suaire*, 1644.

voir l'obtenir. Les moines disaient qu'il
leur appartenait pour l'avoir conservé au
hasard de leur vie[1]. Il voulut rester avec
eux, et il fut enterré sous le pavé de la chapelle de Sainte-Madeleine, non loin du
Suaire qu'il avait tant chéri. On le regarda
après sa mort comme un saint, et les pèlerins (les Espagnols surtout) raclaient son
tombeau et en emportaient des parcelles.

Mais, depuis le jour où le saint Suaire
fut sauvé miraculeusement des flammes,
sous le kalife Moaviah, jusqu'à la première
croisade, où le légat du Saint-Siége en fit
l'acquisition, nous avons quatre siècles. Que
devint-il pendant ce temps? Nous savons
que les chrétiens de Jérusalem le gardèrent
dans une église; plus tard, il fut transféré
à Antioche, et il faut admettre que ce fut
vers l'an 1000[2], au temps où les fidèles
étaient affligés par les Mahométans, qui, en

[1] TARDE, *Antiquités du Périgord et du Sarladais.*
Manuscrit.

[2] MORÉRI donne cette date. — Elle est aussi dans
l'Abrégé de l'Histoire du saint Suaire de Cadouin.
Tulle, 1682.

haine de la religion, détruisirent l'église du Saint-Sépulcre. La tradition du saint Suaire dut se conserver avec soin, puisque l'évêque Adhémar le reconnut, se le procura et ne voulut le confier qu'à sa mort au chapelain, qui à son tour le légua, avec son histoire, à un ecclésiastique du Périgord.

Entre autres résultats précieux, les croisades valurent à l'Occident un grand nombre de saintes reliques, dont il est fait mention dans l'histoire de l'Eglise. Le Périgord en particulier leur dut le saint Suaire, et, comme le remarque le P. Dupuy, la mort de l'évêque Adhémar revint au profit spirituel et bonheur de cette province [1].

Les personnes pieuses de tous les temps, qui sont venues le visiter, ont ressenti à sa vue un sentiment de tendresse, qui leur faisait verser des larmes; elles ont éprouvé dans leur cœur un grand respect et une vénération très-profonde. Le vénérable Alain de Solminihac, évêque de Cahors, fit le voyage de Cadouin pour le voir. *Il le baisa*

[1] *Estat de l'Eglise du Périgord.*

1..

et rebaisa *très-dévotement*, dit son historien, *et particulièrement aux endroits qui paraissaient empourprés de ce sang précieux, qui a été la rançon du monde* [1].

Au XVIIe siècle, le P. Léonard Frison proposait le Suaire de Cadouin à la vénération publique, et l'appelait *le très-antique et très-assuré monument de la religion, l'ornement brillant de la France* [2]. Il est la gloire du Périgord et le plus magnifique gage de l'amour de Jésus et de MARIE pour cette province, qui le possède depuis plus de sept cents ans.

---

[1] CHASTENET.
[2] *Opera poëtica.*

IV

HOMMAGES NOMBREUX ET ÉCLATANTS

Nous avons à dérouler dans ce chapitre les nombreux triomphes de notre sainte relique; nous y verrons les rois et les peuples travailler ensemble à sa glorification.

Il faut parler d'abord de la belle église bâtie en son honneur. Les moines se mirent à l'œuvre en 1118 pour sa construction; elle fut très-solennellement consacrée, en 1154, par les évêques de Périgueux, d'Agen et d'Angoulême, en présence de onze abbés.

Dédiée à la très-sainte Mère de Dieu, pro-
tégée par elle et abritant le Suaire de son
Fils, elle était doublement vénérable. Elle
a bravé les siècles et les révolutions; elle est
debout sous nos yeux et nous pouvons l'ad-
mirer encore. Très-remarquable par son ar-
chitecture, qui est en plein-cintre, elle a la
corniche en damier, qui se retrouve dans
toutes les églises romanes. La voûte seule
est en ogive primitive. Des voyageurs venus
de Jérusalem ont affirmé qu'elle rappelait, par
quelques lignes, l'église du Saint-Sépulcre [1].
Le chœur est parfait et les enroulements en
feuillage des cinq croisées, qui l'éclairent,
sont d'une grande délicatesse. A la voûte de
ce chœur se trouve une admirable peinture;
c'est une fresque représentant la résurrection
de Jésus-Christ : à la sortie du tombeau, deux
anges lui présentent des encensoirs d'or; elle
est sur un fond d'azur, semé de lis et d'étoi-

[1] L'église abbatiale de Cadouin est une des plus
grandes et des plus belles églises du Périgord. Elle
est en forme de croix latine, ayant trois nefs, et ter-
minée par trois absides; sa longueur est de 48 mè-
tres et sa largeur au transept de 24.

les [1]. A côté de l'église est le cloître intérieur du monastère, vrai bijou de l'époque qui précéda la renaissance, malheureusement dégradé dans la partie du couchant ; on y voit encore le siége de l'abbé, dont les détails se rapportent à la passion de Jésus-Christ.

Dieu seul connaît le mouvement qui s'est produit autour du saint Suaire. Lui seul peut savoir les prières, les soupirs des fidèles, le nombre et les pas des pèlerins, les miracles opérés et les témoignages de piété laissés dans l'abbaye. Les anciens historiens se plaignent du *naufrage*, qui a englouti les riches traditions de Cadouin. Ce qui en est resté en donne néanmoins une idée.

Quatorze souverains-pontifes ont consacré par leurs bulles la dévotion à notre saint

[1] Cette fresque a été repeinte naguère (1878). Malheureusement elle était un peu détériorée, mais les couleurs étaient encore vives et l'ensemble était vraiment beau ; elle rappelait la manière splendide du XVᵉ siècle, qui s'étale et fleurit dans les manuscrits de ce temps. La nouvelle peinture n'a pas ces qualités. On regrette ce fond azur sur lequel ressortaient si bien la ville de Jérusalem et les belles étoiles d'or.

Suaire. On cite Clément III, Innocent III, Alexandre IV, Boniface VIII, Urbain V, Grégoire XI, Innocent VIII, Clément VII, Jules II, Paul III, Léon X et Alexandre VI. Il faut y ajouter Pie IX. L'objet de ces bulles est d'exciter en toutes manières la piété des fidèles à honorer la sainte relique de Cadouin. Elles accordent à l'abbaye toutes sortes de priviléges et de faveurs; elles la prennent sous la protection spéciale du Saint-Siége apostolique; elles engagent les rois et les seigneurs à la favoriser et à l'enrichir; enfin, elles affirment l'authenticité du saint Suaire et attestent qu'il opère chaque jour les plus grands prodiges.

Les archevêques et les évêques témoignèrent aussi leur religion pour le saint Suaire; ils venaient à Cadouin en grand nombre et faisaient eux-mêmes les ostentions au peuple; ils autorisaient dans leurs diocèses les quêtes pour la Confrérie et fondaient dans l'abbaye des messes quotidiennes pour le repos de leur âme, comme le firent Jean de Mareuil, évêque d'Uzès, et Godefroy d'Estissac, évêque de Maillezais, le premier en

1483 et l'autre en 1542. Deux évêques de
Périgueux, Guillaume d'Auberoche, au
XIIᵉ siècle, et Raymond d'Auberoche, à la
fin du XIIIᵉ, lui firent de grandes largesses.
Ce dernier écrivait dans son acte de donation : « Nous avons touché de nos mains
« respectueuses le très-saint Suaire de Notre-
« Seigneur Jésus-Christ, et contemplé de nos
« yeux attendris les glorieux stigmates de
« sueur, de sang et d'aromates, témoignages
« de sa mort, imprimés sur le sacré linceul.
« C'est pourquoi, considérant que vous avez
« été choisis par la Providence pour veiller
« à la garde d'un si saint dépôt, nous vou-
« lons répandre sur votre monastère les
« effusions de notre munificence. »

Les rois rivalisèrent de zèle avec les papes
et les évêques. Plusieurs vinrent d'Angleterre et d'Aragon. Un roi de France et un
pape d'Avignon, s'étant rencontrés à Périgueux, allèrent jusqu'à Cadouin pour y vénérer le saint Suaire, dont on disait tant de
merveilles [1].

___
[1] *Histoire du saint Suaire*, 1644.

Les rois d'Angleterre, au temps où ils occupaient la Guienne, prirent l'abbaye sous leur spéciale protection, lui donnèrent de grands biens et des priviléges nombreux. Les rois de France avaient octroyé exemption de tailles et autres immunités au bourg de Cadouin; ils y établirent un marché toutes les semaines et plusieurs foires dans l'année; et, pour rendre plus célèbre l'office divin qu'on y faisait jour et nuit, ils donnèrent à l'abbaye les revenus nécessaires pour l'entretien de soixante nouveaux religieux.

En l'année 1269, saint Louis, accompagné de ses enfants et des princes de son royaume, avant de s'embarquer à Aigues-Mortes pour la dernière croisade, passa en Périgord et vint à Cadouin; après avoir accompli ses dévotions envers JÉSUS-CHRIST et son saint Suaire, il y fit plusieurs libéralités [1]. Charles V, Charles VI et Charles VII

[1] Ce pèlerinage du saint roi dut avoir lieu dans les premiers mois de 1270 (selon notre manière de compter), c'est-à-dire en mars ou avril. Le roi s'embarqua le 1er juillet et il mourut le 25 août suivant. Les auteurs donnent la date de 1269; mais on sait

s'intéressèrent à la relique. Louis XI ne manqua pas de lui rendre ses devoirs; il fit de grands présents au monastère, lui accorda de nouveaux priviléges et donna quatre mille livres tournois de rente annuelle et perpétuelle pour une messe haute, qu'on y chanterait tous les jours pour lui et ses aïeux et pour ses successeurs sur le trône. Cette donation fut, à sa sollicitation, confirmée par la cour de Rome.

Voici le commencement des lettres royales : « Louis, par la grâce de DIEU, roi de « France, savoir faisons à tous présents et à « venir que, considérant et rappelant à no- « tre mémoire les grandes et singulières « grâces que DIEU, notre Créateur, nous a « faites, etc. - - Et pour la grande et singu- « lière dévotion que nous avons toujours « eue et avons encore à l'église et abbaye de « Cadouin, en laquelle est le très-saint et « très-précieux Suaire de notre dit Créateur,

qu'à cette époque l'année commençait à Pâques. Ce n'est que plus tard qu'on a compté les années à partir du mois de janvier.

« avons voué et promis de donner à ladite
« église, pour la continuation et augmenta·
« tion du service divin, la somme de quatre
« mille livres tournois de rente annuelle et
« perpétuelle. » Et plus bas : — « Laquelle
« somme, en l'honneur et révérence de la
« très-glorieuse Vierge Marie et dudit saint
« Suaire, nous leur avons donné et quitté,
« donnons et quittons par ces présentes, que
« nous avons signées de notre main et aux-
« quelles avons fait mettre notre scel, etc. [1] »

Le roi Louis XII, par une patente de
l'an 1501, accorde aux religieux de Cadouin
la faculté et le droit de recueillir partout les
offrandes des fidèles *en l'honneur et révérence du précieux saint Suaire de Notre-
Seigneur* Jésus-Christ [2].

Les reines montrèrent aussi leur zèle. Eléo-
nore d'Aquitaine, épouse de Louis le Jeune,

[1] Le titre de cette donation, écrit sur parchemin,
est encore dans les archives de Cadouin. Il est scellé
de trois sceaux en cire verte, aux armes de France,
dont deux petits et un beaucoup plus grand. On y
voit la signature du roi : Loys.
[2] *Histoire du saint Suaire*, 1644.

visita l'abbaye et fit une donation qui aida à bâtir l'église ; elle fut regardée comme fondatrice. Les épouses de Charles VII et de Charles VIII furent dévotes au saint Suaire ; la dernière, Anne de Bretagne, donna un drap d'or d'un grand prix, sur lequel on l'étendait aux jours des ostensions. Une reine d'Aragon donna des chasubles ornées de ses armes.

Quant aux seigneurs, qui ont favorisé Cadouin et honoré le saint Suaire, ils sont innombrables. Le comte Simon de Montfort fit une donation à l'abbaye, sous la clause qu'un cierge brûlerait nuit et jour devant le précieux Suaire de Notre-Seigneur Jésus-Christ, et qu'on en allumerait deux au moment des ostensions. On offrait à l'église des ornements précieux et des vases en argent pour renfermer la sainte relique. Amaury de Montfort, fils du précédent, en offrit un d'or pur, et à cette occasion le Chapitre général de Cîteaux, en 1230, ordonna que ce coffre d'or servirait toujours et exclusivement à garder le saint Suaire. Une comtesse de la Marche donna un autre coffre en argent, et plus tard, la femme de Charles VII, Marie d'Anjou, en offrit un troisième. Plusieurs autres riches offrandes furent longtemps conservées dans le trésor de l'abbaye et écrites dans son cartulaire.

Mais les sommités sociales n'étaient pas seules à s'incliner ainsi devant ce linge sacré; le peuple y accourait en foules nombreuses. Il y venait non-seulement de toutes les provinces de France, mais encore de l'Allemagne, de l'Italie, de l'Angleterre et de l'Espagne. L'affluence était telle qu'on dut bâtir un hôpital pour les pauvres et plus de soixante maisons pour les étrangers. Ils y arrivaient par multitudes, y priaient pour eux et pour les leurs, déposaient le poids de leurs péchés, recevaient les saints sacrements de l'Église et revenaient au pays natal joyeux et consolés. Dieu seul et ses anges ont connu les émotions saintes des âmes des pauvres, leurs dévotions et les modestes offrandes qu'ils laissaient, souvent plus précieuses aux yeux de Dieu que celles des riches et des puissants.

Cette dévotion brilla d'une grande splendeur pendant quatre cents ans et fut une

des plus célèbres dévotions de l'univers. Si
des témoignages si nombreux et si éclatants
ne forment pas une preuve péremptoire en
faveur de l'authenticité du saint Suaire,
quelle relique pourrait-on désormais exposer
à la vénération publique ?

Cependant nous avons d'autres témoignages encore ; et, avant d'aller plus loin,
nous pouvons répéter ces paroles d'un vieux
chroniqueur : *Cadouin est un lieu de singulière dévotion, renommé par toute la France
et même en plusieurs endroits de la chrétienté, pour les précieuses reliques d'un des
Suaires de notre Sauveur* [1].

---

[1] ANDRÉ DU CHESNE.

V

LE SAINT SUAIRE A TOULOUSE

Notre Suaire ne reposa pas toujours en paix dans la belle église que les moines lui avaient bâtie. Dieu permit qu'il fût souvent déplacé, et ses voyages augmentèrent sa gloire : partout les peuples s'agenouillèrent devant lui ; de grandes contestations s'élevèrent au sujet de sa possession ; les villes et les monastères, les papes et les rois voyaient en lui un linge très-précieux et très-sacré, qu'il ne fallait pas confondre avec une étoffe vulgaire.

On connaît les désordres que les vicissitudes de la guerre produisirent en France pendant le XIVe siècle. Le comté du Périgord
en ressentit tous les déchirements ; c'était le
temps de la domination étrangère. Les Anglais, à peu près maîtres du pays, montrèrent une grande vénération pour le saint
Suaire, et plusieurs fois ils voulurent s'en
emparer pour le transporter en Angleterre.
L'abbé de Cadouin, Bertrand Dumoulin,
informé du complot et considérant encore le
malheureux schisme qui dévorait l'Eglise,
crut devoir emporter la précieuse relique
pour la mettre en un lieu plus sûr. S'en étant
donc emparé secrètement, à l'insu même de
sa communauté, il la transféra dans la ville
de Toulouse, qui était en *l'obédience du pape,
de l'Eglise et du roi,* dit la chronique. Il la
déposa dans l'église du Taur ; mais pour
maintenir en même temps dans cette rési-
dence la possession du saint Suaire à son
abbaye de Cadouin, il eut soin de s'établir
lui-même avec ses religieux près de l'église
où il l'avait déposée. Ce transfert eut lieu
en 1392.

La dévotion publique éclata bientôt en pieuses démonstrations. Ecoutons l'annaliste de Toulouse : — « Le saint Suaire fut reçu « avec une joie incroyable. Le jour de la fête « de saint Simon et saint Jude (28 octobre), « il fut porté solennellement en procession « par l'archevêque de cette ville, Pierre de « Saint-Martial, assisté de neuf autres pré- « lats, avec le concours de plus de trente mille « personnes. Après la procession, il fut « montré au peuple dans une chapelle qu'on « avait nouvellement bâtie, et de là transféré « dans celle du Taur, où l'on voit encore « huit capitouls à genoux, peints sur la mu- « raille qui est derrière le maître-autel, et « dans laquelle ont avait pratiqué une petite « armoire pour l'y placer [1]. »

Lorsqu'on apprit en Périgord que le saint Suaire était à Toulouse, les populations s'émurent, et l'évêque de Périgueux fit d'éner- giques réclamations : il s'unit à l'institut de Cîteaux pour intenter un procès à Bertrand Dumoulin et au chapitre de Saint-Sernin

[1] LAFAILLE, *Annales de Toulouse*, an 1392.

de Toulouse, qui possédait l'église du Taur. L'affaire fut portée à la cour du pape et à celle du roi, à Avignon et à Paris. Il y eut plusieurs embassades de part et d'autre, et le procès resta longtemps en litige. Pour le moment, les choses durent rester ce qu'elles étaient, sous certaines clauses ou conditions. Peu d'années après, en 1396, l'abbé de Cîteaux approuvait, au nom de tout l'Ordre, la translation du saint Suaire dans cette ville, et déclarait que la relique y resterait, *non-seulement pour le temps où il y avait crainte de l'Anglais, mais à perpétuité*. De leur côté, les capitouls promirent d'acheter une maison voisine de l'église de Taur pour l'abbé de Cadouin et ses religieux; ils devaient, en outre, fournir à leur entretien et les exempter de toutes tailles et impôts; enfin, le saint Suaire devait être enfermé dans un coffre sous plusieurs clefs, dont la garde serait confiée à diverses personnes. La ville ne se contenta pas de ces précautions, elle exigea que tous les religieux de Cadouin prêteraient le serment de ne jamais faire aucune tentative pour transporter le saint Suaire ailleurs. Toulouse garda donc le saint Suaire et l'entoura des plus grands honneurs. La ville lui fit présent d'un coffre d'argent orné de cristal; les habitants donnèrent des luminaires, des ornements; ils firent des legs et des donations, et Charles VII voulut *qu'en honneur et révérence du saint Suaire*, ces biens demeurassent *amortis, dédiés à* Dieu *et exempts de toute charge*. Cette patente royale est de l'an 1443.

Cependant, le chapitre général de l'Ordre de Cîteaux ne perdait pas de vue la vénérable relique. Il ordonna, en vertu de l'obéissance et sous peine de déposition, à l'abbé de Cadouin d'entretenir devant le saint Suaire quatre religieux pour faire, comme d'usage, l'office divin. Le prêtre qui l'avait porté de l'Orient n'avait jamais voulu le quitter; l'Ordre de Cîteaux imita cette touchante fidélité, et l'abbé de Cadouin mérita le titre de *Gardien du saint Suaire*, que le Pape lui reconnut.

Notre Suaire ne devait pas s'arrêter à Toulouse; il vint jusqu'à Paris. En 1399, Charles VI, ayant eu de graves accès de folie, voulut le vénérer et obtenir ainsi quelque soulagement ; il manda donc à son connétable, Louis de Sancerre, de le faire porter à Paris. Les Toulousains ne voulaient pas le permettre, et il fallut une promesse formelle que le saint Suaire reviendrait à Toulouse aussitôt que le roi aurait accompli ses dévotions. Pour plus de sûreté, l'archevêque, l'abbé de Cadouin et quelques notables de la ville voulurent l'accompagner en personne. Le roi fit une neuvaine et assista tous les jours à la messe devant la relique ; mais comme il n'obtint pas un grand soulagement, les religieux la reprirent et la portèrent dans l'église des Bernardins, où elle demeura exposée un mois à la dévotion et à la libéralité des fidèles pèlerins, qui y accoururent et l'enrichirent de leurs offrandes. Le saint Suaire rentra à Toulouse le jour de Saint-André, 30 novembre de la même année. Le clergé et les habitants sortirent de la ville pour le recevoir, et il y eut un concours prodigieux. Ce concours se produisit aussi dans les bourgs et les villages où il passait, Dieu opérant

partout un très-grand nombre de miracles
en son honneur.

En perdant son Suaire, Cadouin avait
perdu sa splendeur : l'abbaye était tombée
dans une grande détresse et une extrême
pauvreté [1]. Quand l'Aquitaine fut délivrée
des Anglais et pacifiée, les religieux songè-
rent à reprendre possession de leur relique.

L'abbé de Cadouin, Jacques de Lanis,
résidant à Toulouse, était arrivé à une grande
vieillesse ; il résigna son titre en faveur de
Dom Pierre de Gaing, de la maison de Li-
nars, en Limousin. Celui-ci n'avait pas encore prêté le serment dont nous avons parlé ;
considérant, en outre, que la transaction de
l'abbé de Cîteaux n'avait pas été suffisamment libre et qu'il n'y avait plus rien à crain-
dre du côté des Anglais, au lieu de venir
lui-même à Toulouse, il y envoya de jeunes

[1] Les églises voisines, Bannes, Bourniquel, Mon-
sac, etc., étaient démolies, dit une chronique ; il n'y
avait plus d'abbé à Cadouin, et le monastère était
désolé. On n'entrait que difficilement dans l'église,
dont la porte était couverte de ronces, et le saint lieu
était devenu le repaire des animaux. (Coll. Lespine.)

religieux, sous prétexte d'étudier, mais avec ordre d'employer toute leur industrie pour enlever la relique. Ces écoliers, firent des moules sur les clefs dont les capitouls fermaient le saint Suaire, et sur ces moules on façonna d'autres clefs au moyen desquelles ils l'enlevèrent et le rapportèrent à Cadouin. C'était en 1456.

La nouvelle de son arrivée réjouit grandement le Périgord ; mais les Toulousains poussèrent des cris de plainte et se hâtèrent d'envoyer des députés à Charles VII. Le roi ordonna tout d'abord en son conseil privé que le saint Suaire resterait à Cadouin. On craignit que la ville de Toulouse ne le fît enlever de force, et pour éviter ce conflit, les religieux le transportèrent secrètement dans une autre abbaye de leur Ordre, à Obasine, près de Tulle, en Limousin ; ils le confièrent aux mains de Pierre de Combort, évêque d'Evreux et administrateur perpétuel de ce monastère, qui promit solennellement de le rendre quand il en serait requis. Malgré ces promesses, il fallut, cinq ans plus tard, en 1461, pour l'obtenir, recourir au roi, et l'ordonnance qui le rendait à Cadouin porte que, pour plus grande sûreté de ce précieux trésor, il serait mis dans un coffre à trois clefs, dont l'une serait gardée par l'évêque de Périgueux, l'autre par l'abbé de Cadouin et la troisième par le sénéchal du Périgord. Ce ne fut que le 10 juin 1463, après sept années d'absence, que le saint Suaire revint à Cadouin [1]. L'abbé dom Pierre de Gaing voyait ses désirs accomplis; il mourut heureux et voulut être déposé à côté du prêtre périgourdin qui avait apporté de l'Orient la sainte relique.

Les Toulousains ne perdirent pas sitôt l'espoir d'en redevenir possesseurs. Ils s'adressèrent à Louis XI pour lui demander

---

[1] L'abbaye de Cadouin dut payer la somme de sept cents écus à l'évêque d'Evreux pour ses frais, et lui laisser jusqu'à sa mort une autre relique précieuse, qui avait toujours accompagné le saint Suaire, nommée le saint Bandeau de Notre-Seigneur. Le saint Bandeau vint à Cadouin avec le saint Suaire. C'était une pièce de lin dont se servirent les Juifs pour voiler les yeux du Sauveur au temps de la Passion, quand ils le frappaient en lui disant : *Prophétise; dis-nous qui t'a frappé.* Il n'en reste qu'une bien petite partie.

l'observation des clauses et conditions autre-fois stipulées avec l'ordre de Cîteaux. Ils re-présentaient que l'ordre de Cîteaux avait fait une transaction pour que le saint Suaire restât toujours à Toulouse, que cette cité l'avait possédé plus de soixante ans, que pendant ce temps on l'avait tenu avec grand honneur et révérence, et que, *même pour l'honneur de la France, il était expédient qu'une relique si renommée dans l'Europe et visitée de tant d'étrangers, fût conservée dans une ville célèbre comme Toulouse et non pas dans un désert*[1]. Plaidée d'abord au par-lement de Toulouse, évoquée ensuite à celui de Paris, l'affaire se termina en faveur de Cadouin, qui devait garder la relique à perpé-tuité. L'arrêt est de 1468.

Mentionnons un autre voyage de notre Suaire : Poitiers le posséda un moment dans ses murs. Le roi Louis XI, se trouvant dans cette ville, voulut le voir et le vénérer; il manda donc à l'abbé et aux religieux de Cadouin de le lui apporter. Ils obéirent, et

[1] *Histoire du saint Suaire,* 1644.

après que le roi eut satisfait sa dévotion, ils le rapportèrent dans leur monastère.

Cadouin reprit alors sa splendeur passée ; l'abbaye voyait revenir les jours de sa gloire ; on ne l'appelait plus que le monastère ou l'abbaye du Saint-Suaire. Sur la demande des religieux, et avec le concours des Etats du Périgord, le roi Charles VII avait permis de prélever un impôt pour réparer le monastère ; aussi en fort peu de temps tout fut changé ; l'église se vit remplie et décorée d'ornements, de pièces d'argenterie, de lampes et de chandeliers ; on peignit la belle fresque qui est à la voûte du chœur ; enfin, un cloître splendide remplaça le premier, tombé en ruines. Les pèlerins venaient à Cadouin non-seulement du voisinage, mais encore du Languedoc, du Bordelais, de la Saintonge, du Limousin, de l'Auvergne, du Bourbonnais, du Poitou et du Berry. [1]

Malheureusement, cet éclat dura peu ; le

[1] C'est à cette époque, croit-on, que le saint Suaire fut placé dans un coffre de fer et suspendu à la voûte du sanctuaire. (GALLIA CHRISTIANA.) On y voit encore les vestiges de cette suspension.

XVIᵉ siècle était proche et l'hérésie de Calvin allait avoir des influences désastreuses. En effet, le protestantisme, qui porta la flamme sur tant de monuments sacrés, blâmait ouvertement le culte des reliques. Calvin se moqua de la pluralité des Suaires [1]. Le ministre Costabadie attaqua de front celui de Cadouin dans un livre imprimé à Genève. La dévotion se refroidit, les pèlerinages se convertirent en *foires et marchés* [2]. Les huguenots se rendirent maîtres de l'abbaye et la possédèrent pendant plus de soixante ans; les moines furent dispersés, l'office divin interrompu, le sanctuaire profané, la Confrérie suspendue et les trésors pillés. Le saint Suaire quitta de nouveau son saint asile, et

[1] Recueil de ses opuscules (*Traité des Reliques*).

[2] Voici les causes que les religieux allèguent dans leur histoire, comme ayant diminué et affaibli la dévotion au saint Suaire : 1° on n'écrivait plus les miracles qui continuaient à se faire; 2° la confrérie du Saint-Suaire était interrompue, et on ne publiait pas les grandes indulgences qui lui étaient accordées; 3° les abbés commandataires emportaient les revenus du monastère; 4° enfin, le service divin ne se faisait plus.

des mains pieuses le portèrent au château
de Montferrand, appartenant à la maison
de Biron, où il demeura caché plusieurs
années [1].

Quand l'orage fut passé, il rentra dans sa
pacifique demeure [2]. Comme celui dont il
couvrit la dépouille sacrée, il fut, on vient
de le voir, errant et honoré, aimé et pour-
suivi : il a eu des jours de gloire et des jours
de deuil. Sa place néanmoins a été belle dans
les annales de l'Eglise et dans celles de la

[1] Un vieil auteur du XVIe siècle, François DE BEL-
LEFORÊT, qui avait vu le saint Suaire de Cadouin avant
les guerres de religion, écrit ces mots : « Cadouin,
« lieu de grande dévotion et très-plaisant, mais plus
« religieux pour l'apport des pèlerins qui y abordent
« pour honorer le saint Suaire de Notre-Seigneur,
« que j'ai vu et baisé avant les troubles. » Il ajoute
ensuite : « Ne sais si la furie huguenotte aura laissé
« cette belle église debout. » (Cosmographie universelle. Paris, 1575. Tome Ier.) — L'abbaye était possédée, dit l'histoire, par des hommes du pays, dont
les ancêtres avaient été les bienfaiteurs de l'église, et
qui voulurent la conserver, tandis que toutes celles
du voisinage furent incendiées ou dévastées.

[2] Le mot PAX est écrit en lettres fleuries sur la porte
de l'église. On reconnaît à ce mot les sanctuaires
bénédictins.

France. Elle eût été plus considérable encore, si les documents qui le concernent ne
fussent restés manuscrits et enfouis dans une
obscure province. Cadouin devait être sa
demeure; ce lieu silencieux et désert, perdu
dans une gorge profonde, était bien choisi
pour être le tombeau vivant d'une relique
de la mort du Fils de Dieu.

VI

PROCÈS-VERBAL DE Mgr DE LINGENDES

Le XVIIe siècle ne rendit pas à Cadouin les gloires de son passé; on ne vit plus les rois et les reines, comme au moyen-âge, traverser de grandes distances pour visiter l'abbaye et vénérer sa relique; l'esprit de foi avait sensiblement diminué, les luttes politiques et religieuses n'étaient pas éteintes, et le rationalisme protestant continuait son œuvre en altérant l'esprit chrétien. Les po-

pulations cependant n'oublièrent pas les traditions anciennes : les pèlerins reparurent
et le culte du saint Suaire reprit quelque
éclat. Mais un fait allait se passer, un fait
qui domine toute cette histoire et qui la
marque d'un cachet suprême d'authencité :
c'est le procès-verbal que fit Mgr de Lingendes, évêque de Sarlat, sur la vérité de notre
relique.

Ce prélat venait de prendre en main l'administration de son diocèse, lorsque les
religieux de Cadouin soumirent à son approbation l'histoire du saint Suaire, qu'ils
allaient publier pour faire revivre le culte
de la relique. Ils lui envoyèrent, avec ce
petit volume, tous les manuscrits conservés
dans le monastère, afin que le récit pût être
soigneusement confronté avec les textes originaux. Ce travail achevé, l'évêque et son
vicaire général donnèrent chacun leur approbation séparée, sous la date du 26 octobre 1643.

Or, le vicaire général affirme qu'il a fait à
l'évêque la lecture de tous les titres et livres
anciens de l'abbaye de Cadouin, et qu'après

les avoir examinés l'un après l'autre, ils ont trouvé en tout une entière vérité et une conformité parfaite desdits titres et livres avec l'histoire. Il ajoute ensuite que le *saint Suaire est la plus précieuse et la plus remarquable relique qui soit en l'Eglise de* Dieu. Enfin, l'évêque lui-même assure que *les fidèles ne peuvent douter, après une si exacte recherche, de la vérité de la sainte relique, laquelle est des plus insignes, pour avoir immédiatement touché l'humanité sacrée de notre Rédempteur, et d'autant plus vénérable que l'impression du sang de* Jésus-Christ *se voit encore en elle.*

Mais ce n'était pas assez. L'évêque de Sarlat, persuadé du bien spirituel que la dévotion au saint Suaire produira dans son diocèse, se détermine à faire en personne, sur les lieux mêmes, une enquête canonique. Il fixe préalablement, par une ordonnance épiscopale, l'objet et les conditions de sa visite, à Cadouin, et il se rend dans cette paroisse, accompagné de trois chanoines de son église et de deux Pères de la Compagnie de Jésus.

Arrivé à Cadouin, le 6 septembre 1644, la commission se livre pendant de longues heures, sous la conduite de l'évêque, à une enquête complète sur la sainte relique, et les résultats de cette enquête sont consignés dans un procès-verbal dressé par le prélat lui-même.

Voici ce procès-verbal :

« JEAN DE LINGENDES, par la grâce de DIEU et du Saint-Siége apostolique, Evêque et Seigneur de Sarlat, conseiller du Roi en ses conseils et prédicateur ordinaire de Sa Majesté; à tous ceux qui liront le présent procès-verbal, Salut.

« DIEU est toujours également glorieux, mais il n'est pas toujours également glorifié dans le monde, la malice de Satan, la corruption du siècle et les péchés des hommes amassant quelquefois tant de ténèbres pour couvrir la splendeur de sa gloire, qu'elle demeure comme ensevelie et étouffée.

« C'est ce qui nous a touché profondément dans le cours de la première visite que nous

avons entreprise dans notre diocèse de
Sarlat, y ayant rencontré presque toutes les
marques les plus sacrées de la vraie religion
ou méprisées, ou ignorées, ou abolies; les
églises ruinées et démolies jusqu'aux fon-
dements, les autels renversés, les cimetières
violés et usurpés par les hérétiques, des
paroisses et des cures sans pasteurs, des
pasteurs sans science, des peuples sans connaissance des commandements de DIEU et
de l'Eglise, et avec si peu d'instruction des
sacrements, que les noms de la Confirmation
et de l'Extrême-Onction étaient inconnus :
en sorte que chacun ne s'approchait qu'in-
dignement ou méprisait de s'approcher et
de puiser à ces fontaines du Sauveur, d'où
il répand son sang pour le salut et la sa-
tisfaction des fidèles. Certainement une si
extrême profanation et mépris du sang de
JÉSUS-CHRIST nous a dû faire gémir ; mais
béni soit le DIEU des miséricordes, le DIEU
de toute consolation qui a daigné, par sa
bonté, nous consoler et nous réjouir selon
la grandeur de notre affliction et de notre
tristesse.

« Au milieu de tous ces objets, qui ne représentaient à nos yeux et à notre esprit que la religion déshonorée et les clameurs du sang de Jésus-Christ peu entendues ou méprisées, nous fûmes averti par les vénérables prieur et religieux réformés de l'abbaye de Cadouin, de l'ordre de Cîteaux, en notre diocèse, que depuis plus de cinq cents ans ils possédaient une relique trempée et teinte de ce sang précieux, à savoir le très-saint Suaire qui fut mis sur la tête et le corps sacré de notre Sauveur Jésus-Christ, lors de sa sépulture, dont il est fait mention en saint Jean, et plus récemment et au long par le vénérable Bède, au livre qu'il a composé : *Des lieux saints*. Et que le 8 septembre, jour de la Nativité de la sainte Vierge, titulaire de l'église dudit monastère, il se faisait en la même église un grand concours de peuple à l'ostension que font les religieux de ce sacré monument de la mort et de la sépulture du Sauveur. Nous ne saurions dissimuler qu'à cette nouvelle *notre cœur et notre chair ont tressailli dans le* Dieu *vivant*; et sachant que c'est le devoir de notre charge de voir et d'examiner la vérité des reliques qu'on expose à l'adoration du peuple dans notre diocèse, nous jugeâmes qu'il fallait d'autant plus exactement rechercher la vérité et certitude de celle-ci qu'elle était plus adorable [1].

« C'est pourquoi, ayant, au préalable, annoncé notre visite aux paroisses voisines pour le 6 septembre (1644), et nous étant rendu à Cadouin, nous y fûmes reçu avec tous les honneurs dus à notre dignité. Premièrement, à l'entrée du faubourg, par nos curés des paroisses voisines, et puis par les susdits prieur et religieux. Et après quelques jours employés, partie à l'instruction du peuple, prédication, administration des sacrements de Pénitence, d'Eucharistie et de Confirmation, partie en prières et autres exercices de dévotion, le dixième du susdit mois, nous nous rendîmes dans

[1] Les mots *adorer*, *adorable* s'appliquent à la croix et à tous les instruments de la Passion, sans qu'on puisse conclure que nous adorons réellement ces objets sacrés. L'adoration proprement dite se rapporte à Dieu et à Dieu seul.

le monastère, accompagné de M. Gabriel de
la Brousse, docteur en théologie, chanoine
de notre église cathédrale et lieutenant
assesseur de notre officialité; de M. Antoine
Nicol, prêtre et chanoine de notre église col-
légiale de Saint-Avit-Sénieur; de M. Pierre
du Breuil, docteur en théologie et chanoine-
sacristain de notre église d'Issigeac; des
RR. PP. Pierre de la Brangelie et Pierre
Jarrige, théologiens de la Compagnie de
Jésus, desquels nous nous servions en notre
visite. Où nous fûmes reçu par les religieux
et conduit dans une salle, où, après avoir
invoqué l'aide de Dieu, le R. P. Dom
Etienne Guichard, prieur du lieu, nous
exhiba un fort grand nombre de bulles,
lettres patentes, registres, titres, documents
par lesquels la vérité de cette adorable relique de notre Dieu et Sauveur reçoit tant
et de si puissantes preuves que nous ne
croyons point qu'il se trouve en toute la
chrétienté une relique mieux avérée, comme
il ne s'en trouve pas de plus sainte et de
plus précieuse. Et premièrement, nous
lûmes avec respect plusieurs bulles des

Souverains-Pontifes et particulièrement une de Paul III, en date de l'an 1535, par laquelle est de nouveau érigée et enrichie de priviléges et d'indulgences une Confrérie universelle en l'honneur et sous le nom du Saint-Suaire de Jésus-Christ.

« Nous lûmes aussi quantité de patentes anciennes des illustrissimes et révérendissimes archevêques et évêques de France, entre autres de ceux de Bordeaux, Auch, Toulouse, Montauban, Angoulême, Périgueux, Cahors, Rodez, Condom, etc.[1]...

« Les mêmes jour, mois et an susdits, nous nous transportâmes de ladite salle dans l'église, accompagné, comme nous l'avons dit, et fûmes conduit et mené devant le grand autel, où, après nos dévotions faites et l'hymne du Saint-Esprit chanté, les vénérables Pères prieur et sous-prieur du monastère, revêtus de pluviaux, ouvrirent un assez grand coffre attaché et garrotté de bandes et grosses chaînes de fer, et fermé de

[1] Ici le procès-verbal rappelle un grand nombre de faits que nous avons rapportés dans les chapitres précédents.

plusieurs serrures, lequel, dès le jour de notre arrivée, on avait descendu de la voûte de l'église, où il est conservé depuis des siècles. En ayant fait tirer de dedans le linge sacré, plié dans un drap de soie, et l'ayant premièrement fait poser sur l'autel, puis, pour mieux le voir au jour, fait porter derrière, en la présence de tous les sus-dits docteurs, prêtres et religieux, nous le développâmes et l'étendîmes de son long et avec respect, mais avec abondance de conso-lation. L'ayant touché, regardé et mesuré, nous le trouvâmes de huit pieds de longueur sur quatre de largeur, de lin très-fin, autant que nous pûmes en juger, brodé de deux bandes à chaque bout de broderie à la mosaïque, l'une de quatre doigts de large et l'autre de deux ou environ ; et il nous parut à tous évidemment teint en plusieurs endroits de sang, de sueur et d'onguent mêlés.

« Ainsi, le nom de Dieu invoqué, le cœur touché de respect et de dévotion, du commun avis de tous les susdits prêtres, docteurs et religieux, Nous jugeâmes que

c'était véritablement le saint et adorable
Suaire qui fut mis immédiatement sur le
divin chef et corps sacré de notre Rédempteur et Sauveur Jésus-Christ; qu'il ne se
pouvait désirer une plus grande assurance
de cette vérité, et comme il n'y a pas au
monde une plus auguste et plus précieuse
relique, puisqu'elle est empourprée du sang
de Jésus-Christ et consacrée par l'attouchement de son corps, aussi n'en peut-on
trouver de plus certaine ni de mieux attes-
tée.....

. . . .

« De toutes lesquelles choses nous avons
dressé le présent procès-verbal *Ut scribantur
hæc in generatione altera*, afin que tous les
peuples de la chrétienté et toutes les générations à venir, assurés de la vérité de cette
très-précieuse et incomparable relique de
Jésus-Christ, rendent grâces à ce Seigneur
de miséricorde, qui a daigné se réduire à
la nécessité d'avoir besoin d'un suaire pour
être enseveli et pour nous mériter, par ses
souffrances, la gloire de l'immortalité. Nous

l'avons signé et fait signer à ceux de notre suite.

« ✝ J. DE LINGENDES. »

« Arrêtons-nous un instant sur ces faits, dit Mgr Dabert ; ils ont une importance capitale, et sous quelque rapport qu'on les envisage, on y trouvera réunies toutes les conditions exigées par la prudence et le droit pour leur donner une autorité décisive en cette matière.

« Voilà donc, en effet, tous les documents relatifs au saint Suaire soumis à des examens réitérés qui se contrôlent mutuellement. Des mains du prieur et des religieux, ils passent tour à tour, en moins d'un an, dans celles de onze examinateurs graves et consciencieux, tous également recommandables par la science, le rang et les emplois, et par ces motifs les plus compétents que l'on pût trouver dans le pays. Eh bien ! après l'examen de ces titres originaux qu'ils ont fait, les uns isolément, les autres en commun, tous proclament à l'envi, selon le mot de l'évêque, la *vérité de la relique* et ses droits certains au culte des fidèles.

« Vraiment! si, en pareil sujet, de telles garanties ne suffisaient pas à la bonne foi, il faudrait désespérer de la valeur du témoignage humain[1]. »

Il est un axiome de droit ecclésiastique ainsi conçu : *On doit avoir pour les reliques anciennes la vénération qu'on a toujours eue pour elles*[2]. Un docte critique, dom Mabillon, ajoute : « Là où la tradition est immé- « moriale et l'identité établie, la possession « du culte est un titre solide, qui ne pour- « rait être détruit que par des preuves cer- « taines et évidentes. La présomption est en « faveur des reliques qui jouissent de ces « avantages, car on ne les a pas exposées « d'abord sans les avoir bien examinées. Les « anciens canons le prescrivent. Il est donc « de l'équité de juger en faveur de la posses- « sion, à moins que l'on ait de bonnes rai- « sons d'en douter, mais des raisons précises « et non vagues et générales[3]. »

---

[1] Lettre pastorale du 29 juin 1866.
[2] FERRARIS. *Cultus sanctorum*, 6.
[3] *Lettre sur le discernement des anciennes reliques.*

VII

MIRACLES DU SAINT SUAIRE

Le témoignage des hommes n'a pas manqué à notre Suaire. Les princes de l'Eglise, les grands et les puissants, la foule humble et modeste, l'art et la poésie, la science enfin et la critique, tout lui rendit hommage. Que pouvait-on demander encore? Il fallait la voix du ciel, et Dieu vint à son tour ajouter sa suprême sanction, celle du miracle. Si jamais, disent les historiens, la vérité d'une relique a été avantageusement approuvée et confirmée par des prodiges, nous pouvons dire hardiment que c'est celle de Cadouin. Quand Mgr de Lingendes visita l'abbaye, les religieux lui présentèrent un livre manuscrit, commencé vers l'an 1200, qui contenait les miracles du saint Suaire, et ce prélat reconnut qu'ils n'avaient pas cessé jusqu'à l'an 1500 ou environ. Ils étaient faits en faveur des fidèles qui se vouaient à JÉSUS-CHRIST et à son saint Suaire, ou qui se faisaient enrôler dans sa Cònfrérie, ou qui faisaient dire des messes devant la relique en y laissant des offrandes, ou qui portaient avec dévotion quelque objet qui l'avait touché, ou enfin qui accomplissaient des neuvaines en son honneur. Non-seulement les individus avaient recours à elle, mais des villes entières, dans leurs nécessités publiques, lui faisaient des vœux et des présents [1].

« Encore que nous n'ayons pas conservé « la quatrième partie des livres et registres

---

[1] La ville de Condom offrit au saint Suaire de Cadouin un calice d'argent doré, afin d'être préservée de la peste. On avait gravé sur ce calice les mots suivants : *Calix civitatis Condomii oblatus sancto Sudario, ut habitantes in eâ præserventur a peste.*

« où on décrivait anciennement les miracles
« opérés par la vertu du saint Suaire, néan-
« moins, disent les religieux dans leur his-
« toire, il en reste encore plus de deux mille,
« entre lesquelles se trouve la résurrection
« de plus de soixante morts [1]. »

A Toulouse, ils furent si multipliés que
les peuples accouraient de toutes parts, et
l'archevêque de cette ville, Dominique de
Florence, déclare, dans une lettre datée de
l'an 1413, que Jésus-Christ *correspond mi-
séricordieusement aux vœux des fidèles en
opérant un grand nombre de miracles.* Le
P. Dupuy feuilleta et lut plus tard les documents conservés dans cette ville à ce sujet,
et il s'étonnait de leur nombre, ajoutant
qu'ils avaient continué en Périgord, et qu'en
leur considération les Papes avaient accordé
de grands priviléges à l'abbaye de Cadouin.

Les grands-vicaires de Périgueux, par leur
patente de l'année 1469, autorisent dans le
diocèse les quêtes en faveur de la Confrérie,
et ils disent en propres termes que dans le

[1] *Histoire du saint Suaire*, 1644.

monastère de Cadouin Dieu opérait évidemment et à vue d'œil des *miracles éclatants et infinis* [1].

Un abbé de Cadouin donne pouvoir à son procureur pour la Confrérie du Saint-Suaire de recevoir toutes les personnes qui désireront y entrer, et d'annoncer aux fidèles les miracles innombrables que Jésus-Christ opère tous les jours en l'honneur de la sainte relique. Ils étaient si fréquents qu'à peine pouvait-on les écrire et qu'on en racontait *un sur mille* [2].

On dira peut-être : Mais d'où vient que ces prodiges n'existent plus? Il est facile de répondre. L'affaiblissement de la dévotion au saint Suaire devait avoir cette conséquence : Dieu veut récompenser la foi de ses enfants, et il mesure ordinairement ses

[1] *Histoire du saint Suaire*, 1644. — En 1470, l'archevêque de Bordeaux, Arthur de Montauban, rendait témoignage des miracles qui n'avaient pas cessé à Cadouin depuis le retour du saint Suaire, ce qui obligea les papes de donner à l'abbaye de nouveaux priviléges. On les trouve tous dans la bulle de Paul III, 1535. Qui pourra trouver cette bulle?

[2] *Ibidem.*

grâces à la correspondance qu'il trouve dans nos cœurs. Que la confiance renaisse, que la prière devienne plus fervente et la dévotion plus vive, et nous reverrons les merveilles d'un autre temps. Ne semble-t-il pas que le ciel nous donne déjà des témoignages nouveaux, et quelques faits récents, vraiment extraordinaires, ne nous permettent-ils pas d'espérer bientôt des grâces plus signalées? Ajoutons que, pour être moins nombreux, les prodiges n'ont jamais cessé entièrement à Cadouin.

Nous allons donner une série de miracles arrivés dans les siècles passés et qui furent authentiquement constatés et écrits dans les livres du monastère [1] :

1° L'an 1386, une maison d'un lieu appelé Siorac était embrasée de tous côtés, sans qu'on pût y remédier; la personne à qui elle appartenait fit vœu à Jésus-Christ et à son saint Suaire, et le feu s'éteignit entièrement. Ce miracle fut fait à la vue de tous les habi-

---

[1] Nous les tirons de l'*Histoire* de 1644. Sur 92, nous en choisissons 22.

tants de Siorac, et publié dans Cadouin le jour de la Trinité, pendant qu'on faisait l'ostension du saint Suaire.

2º Une noble femme de Cahors, qui resta aveugle pendant quatre ans, sans qu'aucun remède humain pût la soulager, fit vœu, s'il plaisait à JÉSUS-CHRIST de la guérir par les mérites de sa Passion et la vertu du saint Suaire, de venir l'adorer et d'apporter son offrande. Elle recouvra la vue aussitôt et vint ensuite à Cadouin pour y accomplir son vœu et rendre témoignage de la faveur singulière dont elle avait été l'objet. C'était en 1387.

3º Une femme, appelée Benoîte Cayssabon, du Lauraguais, s'étant accouchée d'un enfant mort, eut recours à JÉSUS-CHRIST et à son saint Suaire, promettant que si son fils pouvait ressusciter et être baptisé, elle l'apporterait au lieu où reposait la relique. A peine eut-elle fait ce vœu que l'enfant revint à la vie et fut baptisé. C'était en 1392. Les témoins de ce miracle furent Jean Fabry et Benoît Servat.

Les douze miracles suivants ont été faits

au temps où le saint Suaire était à Toulouse :

4° Une jeune fille du diocèse de Toulouse, ayant été travaillée du mal caduc pendant huit années consécutives et sans qu'on y trouvât de remède, fut vouée par ses parents à Jésus-Christ et à son saint Suaire, et depuis ce vœu elle demeura entièrement délivrée de son mal. Ce miracle fut attesté par sa mère, en présence de Bernard de Buys et de Pierre de Guygnac, en 1393.

5° En 1394, le fils d'un seigneur nommé Guillaume de Bières, du diocèse de Toulouse, tomba dans une grave maladie qui le conduisit à la mort. Sa mère, tout en larmes, le voua à Jésus-Christ et à son saint Suaire : le mort ressuscita miraculeusement en présence de tous les assistants. Son père vint ensuite accomplir le vœu, et annonça partout le prodige, qui fut attesté par Jean de Fitte et Elie Blanc, prêtres.

6° La même année, une fille âge de trois ans, de la ville de Toulouse, étant tombée par accident dans un puits, s'y noya et demeura submergée au fond de ce puits environ une heure, au bout de laquelle elle nagea sur l'eau. Quand on l'eut tirée, son père et d'autres personnes la vouèrent au saint Suaire de Jésus-Christ. Elle ressuscita à la vue de tout le monde, et son père vint accomplir le vœu qu'il avait fait pour elle.

7° Une noble femme, appelée Mᵐᵉ de Bellepuy, ayant été paralysée de tous ses membres pendant deux ans et demi, et n'yant pu trouver ni repos, ni soulagement, se voua à Jésus-Christ et à son saint Suaire : elle se trouva aussitôt saine et guérie. Ce miracle fut raconté par elle-même, en 1339, en la présence du R. P. abbé de Cadouin, lorsqu'elle vint accomplir son vœu.

8° Un prêtre, nommé Bernard Viverin, était affligé de la goutte depuis trois ans ; il en fut délivré après avoir fait son vœu au saint Suaire de Jésus-Christ et l'avoir adoré, ainsi qu'il l'attesta lui-même, en 1396, en présence de Pierre Delpuche et de plusieurs autres personnes.

9° Un homme noble, appelé M. de Solages, ayant eu par accident une jambe brisée et rompue en trois endroits, sans espérance de pouvoir plus marcher ni d'être guéri par aucun remède humain, eut recours à Jésus-Christ, et fit vœu de venir voir et adorer le saint Suaire et faire son offrande suivant la coutume, et en même temps il se trouva guéri. Il vint plus tard accomplir son vœu et rendre témoignage d'un si grand miracle. C'était en 1399.

10° La même année 1339, un enfant, né à Saverdun, tomba par malheur dans une rivière, où il se noya. Son père, Bernard de Sotte, le voyant mort, et se souvenant des grands miracles que Jésus-Christ opérait par la vertu de son saint Suaire, eut recours à lui, le suppliant de ressusciter son enfant et promettant de le porter auprès de la sainte Relique et d'y faire son offrande selon l'usage. Presque aussitôt l'enfant revint à la vie. Ce miracle fut solennellement attesté par le père et la mère de l'enfant quand ils vinrent accomplir leur vœu.

11° Trois hommes du diocèse de Comminge, qui allaient à Rome par mer, se trouvèrent surpris par une tempête si furieuse qu'il n'y avait aucune apparence qu'ils pussent échapper au naufrage. Ils se

vouèrent au saint Suaire de JÉSUS-CHRIST
la tempête s'apaisa et leur vaisseau arriv.
heureusement au port. Ce qu'ils attestèrent
en 1440, lorsqu'ils accomplirent leur vœu

12° Une femme manquait de lait pou
nourrir son enfant; en cette extrêmité ell
eut recours à JÉSUS-CHRIST, le supplian
d'avoir pitié d'elle par les mérites de.s
Passion et la vertu de son saint Suaire. L
lait lui vint en abondance; elle en rendi
témoignage quand elle vint accomplir so
vœu, en 1401.

13° Une religieuse de la ville de Tou
louse demeura étique pendant deux année
entières et avait perdu le goût de toute
sortes de viandes. La supérieure la voua
JÉSUS-CHRIST et à son saint Suaire, l'an 1400
aussitôt cette pauvre malade sentit du soula
gement, et en fort peu de temps se trouv
parfaitement guérie.

14° Une femme de Nérac était affligée
un bras d'un mal incurable, auquel le
médecins ne pouvaient apporter aucu
soulagement. Un de ses enfants ayan
apporté un cordon qui avait touché le sain

Suaire de JÉSUS-CHRIST, elle le lui demanda et l'appliqua avec une grande foi sur son bras malade; elle s'en trouva miraculeusement guérie, et ne tarda pas à en venir rendre grâce à notre Sauveur, l'an 1401.

15° Un nommé Pierre Bidose, du diocèse de Toulouse, était atteint de la lèpre par tout le corps et délaissé de tous ses voisins, sa mère le voua à JÉSUS-CHRIST et à son saint Suaire. Aussitôt après il commença à se bien porter, et en peu de temps il fut entièrement guéri. Ce miracle fut attesté par lui en présence de Pierre Roland et de Dominique Dubois, en 1452.

Les autres miracles sont arrivés au temps où le saint Suaire avait été reporté à Cadouin.

16° En 1472, l'évêque de Périgueux (c'était Mgr Godefroy de Pompadour) et le seigneur de Vallery furent envoyés en ambassade de la part du roi de France. Le dernier étant tombé en chemin dans une très-grave maladie, d'où les médecins ne pouvaient le tirer, l'évêque en fut touché de compassion, et, se souvenant des miracles infinis du saint Suaire, y voua ledit seigneur, promettant que s'il obtenait sa guérison, il donnerait une image en cire du poids du malade et ferait des offrandes à l'église de Cadouin. Le seigneur recouvra une parfaite santé, et ils vinrent tous deux à Cadouin pour accomplir le vœu et rendre grâce à notre Sauveur d'un tel miracle.

17° L'an 1473, un jeune garçon de Toulouse, fils unique d'un noble citoyen de la ville, était frappé de la peste et réduit à telle extrémité que les voisins le regardaient comme mort. Ses parents, qui avaient vu autrefois dans leur ville le saint Suaire de Jésus-Christ et savaient les grands et infinis miracles qui y avaient été opérés par sa vertu, lui vouèrent leur fils, suppliant notre Sauveur de le ressusciter et rétablir en santé, et promettant de l'amener à Cadouin, d'y laisser une image en cire de sa pesanteur, de faire des offrandes à l'église et d'aller à genoux depuis la première porte du monastère jusqu'à l'endroit où reposait le saint Suaire. Ce ne fut pas en vain qu'ils firent ce vœu, car leur fils ressuscita et en

peu de jours il se trouva entièrement guéri ;
il fut ensuite conduit à Cadouin par sa
mère, en compagnie de plusieurs autres
personnes de Toulouse, qui avaient aussi
reçu de grandes grâces par là vertu du saint
Suaire.

18° Pierre de Lacombe, du diocèse de
Périgueux, avait été paralysé pendant un an,
sans pouvoir se servir de ses membres ni
être soulagé de ses douleurs par les médecins. Il se voua à JÉSUS-CHRIST et à son saint
Suaire, suivant le conseil de ses parents et
de ses amis, et en même temps il se trouva
parfaitement guéri. Il vint à Cadouin,
en 1473, accompagné de sa femme et de
son fils, pour accomplir son vœu et rendre
témoignage de la faveur reçue.

19° Une demoiselle de la reine de France
ne pouvait être guérie par aucun remède
d'une maladie qui là tenait tout près de la
mort. Ses parents et ses amis, s'attristant de
sa perte, lui conseillèrent de se vouer au
saint Suaire de JÉSUS-CHRIST. Elle le fit et
recouvra une parfaite santé. Elle vint à
Cadouin, en 1474, avec un train magnifique

pour y accomplir son vœu et faire à l'église de très-riches offrandes.

20° Le seigneur de Beaujolais, en Bourbonnais, étant un peu revenu d'une très-grave maladie, se voua à Jésus-Christ, lui promettant que si, par la vertu du saint Suaire, il guérissait, il viendrait à Cadouin, donnerait à l'église une chaîne d'or qu'il portait habituellement au cou, et ferait d'autres offrandes encore. Il vint, en effet, accomplir son vœu en 1474, et rendit témoignage de sa guérison.

21° Une fille du diocèse d'Alby, qui resta muette pendant neuf ans, fut vouée au saint Suaire de Jésus-Christ et conduite à Cadouin par ses parents. Arrivée devant la sainte relique, elle leva les yeux au ciel et recouvra entièrement la parole, louant la miséricorde de notre Sauveur et demandant d'être mise dans sa Confrérie. Ce miracle arriva en 1477, en présence des religieux de Cadouin et des personnes qui y avaient conduit cette fille.

22° Un noble bourgeois de Bordeaux resta paralysé de tout son corps l'espace de dix-sept semaines : il eut recours à Jésus-Christ,

le suppliant par les mérites de sa Passion et
la vertu du saint Suaire, de le secourir, et
promettant en ce cas de venir à Cadouin et
d'y faire des offrandes ; il recouvra entièrement la santé. Il ne manqua pas de venir à
Cadouin accomplir son vœu, et il fit le
voyage accompagné de plusieurs autres personnes qui avaient aussi reçu des bienfaits
par la vertu du même saint Suaire. Ceci se
passait en 1474 [1].

Le XVIe siècle vit diminuer ces prodiges,
à cause de la désolation du monastère et du
refroidissement de la dévotion. Pendant les
deux derniers siècles, les miracles reprirent
leur cours et, aujourd'hui encore, ils sont
quelquefois la récompense de la piété des
fidèles.

---

[1] Plusieurs autres miracles furent faits en faveur
de personnes, venant des diocèses de Bourges, de
Clermont, de Cahors, de Rodez, d'Aix, de Carcassonne, d'Aleth, de Mirépoix, de Narbonne, d'Auch,
et même d'Urgel, en Espagne.

VIII

LE VŒU DE SARLAT

Après les désastres des guerres religieuses
et les ruines amoncelées par le XVIe siècle
un travail de restauration devint nécessaire
partout. Les églises et les monastères avaien
cruellement souffert; l'hérésie portait une
haine particulière à ces antiques monument
de la prière catholique. Nous avons entendu
l'évêque de Sarlat déplorer le malheur de
églises ruinées et démolies jusqu'aux fonde
ments, des autels renversés et des cimetière
violés. Il fallut réparer ces désordres, relever

— 81 —

ces murs et ramener au milieu du cloître la régularité des premiers temps. Ce fut l'œuvre du grand siècle qui allait s'ouvrir.

La réforme, à Cadouin, fut commencée dès l'année 1643. Un peu plus tard, Louis d'Arodes, abbé régulier de Fontguilhem et vicaire général de Cîteaux, prenait en main l'administration de cette maison. Le nouvel abbé entra résolûment dans l'œuvre réparatrice, et il y mit un dévouement sans mesure; le silence, l'office divin, les vêtements, les travaux manuels, l'abstinence, le jeûne, tout fut ramené à l'observance primitve; mais il lui fallut vaincre des résistances, lever des obstacles, endurer des fatigues, et consumer six années à ce laborieux ministère. Son successeur, Pierre Mary, rétablit magnifiquement l'église et les autres bâtiments du monastère; le cloître, les cours et les jardins furent restaurés et embellis; avec la ferveur, l'abbaye voyait renaître les meilleurs jours de son passé.

Le culte du saint Suaire ressentit les heureux effets de ce renouvellement de la piété

3.

et de la régularité; il prit un nouvel essort, et les routes de Cadouin furent remplies de pèlerins. Signalons une grande manifestation populaire.

Les troubles de la Fronde, qui agitèrent péniblement la minorité de Louis XIV, eurent un contre-coup en Périgord et ébranlèrent tout le pays. Périgueux et Sarlat en ressentirent vivement les atteintes, et cette dernière ville fit un vœu au saint Suaire. Ecoutons la chronique :

« Les pénitents bleus de Saint-Hiérosme,
« de la ville de Sarlat, en Périgord, ayant
« fait vœu, il y a quelques années, de tascher
« d'apaiser l'ire du ciel qui se manifestait
« contre la France par les mouvemens et
« tumultes renaissans de temps à autre, alors
« qu'on les pensait appaisez, et d'implorer
« la miséricorde de Dieu sur ce Royaume,
« particulièrement sur le Roi, la Reine Régente et toute la maison Royale, choisirent
« le commencement de ce moys de may, au-
« quel se fit l'ostension du saint Suaire de
« Nostre Sauveur Jésus-Christ, avec une si
« affluence de peuple et tant de tesmoigna-

« ges de piété, qu'après un jeusne estroit,
« tous les officiers du présidial, avocats et
« autres, depuis les plus qualifiés habitans
« de la dicte ville de Sarlat et autres person-
« nes de marque jusques à ceux de moindre
« condition, s'estant joints à la société des-
« dits pénitens, ils accomplirent leur pèle-
« rinage à pied durant huit ou neuf lieues
« qu'il y a du dict Sarlat au monastère de
« Cadouin, où ce saint Suaire est conservé
« en grande vénération : pendant lequel
« voyage ils estaient accompagnez d'une
« musique lugubre [1] ».

L'annaliste de Sarlat [2] achève ce récit :
« Les pénitents bleus partirent le 29 avril
« pour aller coucher à Cadouin; les reli-
« gieux allèrent au-devant d'eux pour les
« recevoir; ils mangèrent en communauté
« et couchèrent dans de grandes chambres,
« qui leur avaient été préparées dans le
« monastère. Le lendemain, 3o avril, on dit

---

[1] Un récit de ce vœu fut alors imprimé et répandu
dans le pays. (*Gazette de France* du 1er septembre
1651.)

[2] Un continuateur de Tarde.

« une grand'messe, à laquelle chaque péni-
« tent fit sa dévotion, puis la compagnie
« offrit, par les mains du syndic, un tableau
« où est représenté le saint Suaire tenu de
« chaque costé par un pénitent : lequel ta-
« bleau se voit encore suspendu dans le
« sanctuaire de l'église de Cadouin. Après
« que la compagnie des pénitents eut dîné,
« elle partit et vint coucher à Saint-Cyprien,
« chez les chanoines réguliers, qui leur fu-
« rent au-devant et les reçurent avec joie.
« Ils partirent le lendemain, 1er may, et ar-
« rivèrent à Sarlat le même jour. On n'a guère
« vu de procession faite avec tant de zèle,
« de modestie, de dévotion et d'exemple. »

Le vœu que les pèlerins déposèrent à Cadouin est une prière touchante, demandant
au ciel les bienfaits de la paix. Ils disaient :
— « O Seigneur Tout-Puissant, nous vous
« crions merci, et appelons de votre justice
« au trône de la miséricorde. Nous vous
« supplions de nous accorder la paix géné-
« rale, qu'un autre que vous ne peut don-
« ner, et de dissiper l'hérésie..... par le saint
« et divin Suaire, qui a enveloppé la tête et

« le corps de notre Rédempteur, témoin des
« deux plus grands mystères de notre salut,
« de la mort ignominieuse qui a effacé nos
« péchés, et de la glorieuse résurrection par
« laquelle nous avons été justifiés.

« Seigneur, donnez la paix en nos jours. »

On put croire un moment que le Ciel était
sourd à ces supplications. Le colonel Bal-
thazar, qui était à la tête des frondeurs,
irrité de cette manifestation royale, vint
s'abattre sur la ville, s'en rendit maître le
25 décembre 1652, et y établit un gouverneur; mais les habitants lièrent des intelli-
gences avec les troupes du roi, et le 24 mars
1653 ils secouèrent le joug de leurs ennemis.
On célébra la fête de cette délivrance. Les
Sarladais chassèrent le gouverneur et se ju-
rèrent une éternelle réconciliation. Un dîner,
donné par l'évêque [1], réunit les hommes les
plus hostiles; sur la fin du repas, MM. de
Beynac et de Carbonières portèrent des paroles de paix qui furent accueillies avec

---

[1] François de Salignac. — Il mit dans le *Propre
de Sarlat* l'office du Saint-Suaire de Cadouin.

transport, rallièrent les esprits et procurè-
rent à la ville de Sarlat cent ans de calme et
de prospérité.

Les troubles ne tardèrent pas à se dissiper
partout, et l'esprit de la Fronde s'éteignit
entièrement. La France allait recevoir un
éclat incomparable; le plus long et le plus
glorieux des règnes venait de commencer.
Bientôt toutes les muses chantèrent. La
muse chrétienne fit entendre ses accents et
elle couvrit de fleurs notre sainte Relique
de Cadouin. Un enfant du Périgord, le
P. Léonard Frison, de Brantôme, célébra
les gloires du saint Suaire. Il disait : « O
« précieux gage du Christ, ne cessez de pro-
« téger la glorieuse France, et que votre
« renommée parcoure de nouveau tous les
« pays chrétiens [1]. »

Mais le XVIIIe siècle devait enfanter de
nouveaux troubles et des désordres plus
profonds; on sait quels furent les progrès
de l'esprit révolutionnaire et à quelle im-

---

[1] *Sic age : Franciam
Tuere; sic rursùs per omnes
Christiadas tuâ fama currat.* (Opera poëtica.)

mense catastrophe ils devaient aboutir.
Pendant plusieurs années, le pays tout entier fut livré à la plus cruelle et à la plus
sauvage des persécutions. La Révolution
accomplissait son œuvre satanique : les mi-
nistres de Dieu étaient poursuivis partout
comme des bêtes fauves, les églises pillées
et profanées, les exercices du culte interdits
et les gens honnêtes mis en suspicion. Les
monastères ne pouvaient échapper à cette
proscription universelle ; dès l'année 1790,
on décréta leur suppression et la vente de
leurs biens.

Cependant la dévotion de Cadouin était
restée florissante, grâce à la vigilance des
religieux, au zèle du clergé et au concours
des populations ; le vent mauvais, qui ne ces-
sait de souffler, diminua à peine le flot des
fidèles visiteurs. Quand les jours de malheur
furent venus, l'abbaye ne fut pas épargnée ;
en 1791, on vendit les biens du monastère ;
l'année suivante voyait le massacre du prieur
dom Pierre de Bôtet de la Caze ; l'église fut
dépouillée de ses objets précieux, plusieurs
reliques furent perdues et les archives brûlées

en place publique; ainsi disparurent l'histoire du couvent, le sanctoral, les titres et les manuscrits.

Heureusement le saint Suaire fut sauvé. Cadouin eut le bonheur d'avoir à la tête de sa population un homme chrétien, un citoyen généreux, qui a désormais sa place dans cette histoire. En 1793, quand l'autel fut menacé, M. Bureau, de concert avec son gendre, M. Soulier, enleva la sainte Relique; ils la cachèrent tantôt dans un endroit, tantôt dans un autre. M. Bureau était maire alors; il avait acheté l'abbaye en 1791, et, au rétablissement du culte, il donna l'église à la commune.

La tourmente disparut; on fit la réouverture des églises, et, le 8 septembre 1797, jour traditionnel des grandes ostensions, le saint Suaire fut exposé à la vénération publique; la foule était immense; la pauvreté et le dénûment avaient remplacé la richesse d'autrefois, mais le trésor de Cadouin était visible à tous les yeux. Devant ce linceul, les cœurs étaient attendris et les larmes coulaient. M. Rogier, curé de Montferrand, fit

un discours, où il ne manqua pas de féli-
citer les familles courageuses qui avaient
sauvé la Relique, et de leur promettre les
bénédictions du ciel, *même après la cinquième génération*. Ces paroles rappelaient
la légende du Juif, qui, le premier, conserva
précieusement le saint Suaire, et dont la
famille fut bénie de Dieu pendant plusieurs
générations.

IX

.RESTAURATION DU PÈLERINAGE

Le premier évêque de Périgueux après la Révolution, Mgr de Lostanges, montra plusieurs fois la profonde vénération qu'il avait pour le saint Suaire. Il disait à M. Prat, ancien curé de Cadouin : « Veillez « sur notre précieuse Relique ; ne permettez « pas même qu'on la touche. » Les ostensions se célébraient régulièrement ; les prêtres récitaient l'office du Saint-Suaire ; mais le jour d'une restauration solennelle n'était pas venu. Ce jour se fit attendre longtemps. Durant les vingt années de son laborieux épiscopat, Mgr George vint souvent à Cadouin vénérer la sainte Relique. Mgr Baudry eut la pensée de relever son culte ; mais il n'eut pas le temps de réaliser ce projet. La gloire devait en revenir à Mgr Darbert ; c'est le pontife que Dieu avait choisi pour accomplir cette œuvre magnifique.

Mgr l'Evêque de Périgueux écrivait, il y a peu de temps, aux fidèles de son diocèse : « Une relique insigne repose depuis des siècles dans l'église paroissiale de Cadouin. C'est un des linceuls qui servirent à l'ensevelissement du corps inanimé du Sauveur. Ce précieux monument de notre Rédempteur a été vénéré de tout temps par la piété catholique ; il l'est encore aujourd'hui. Mais nous voudrions imprimer un élan plus général à la dévotion dont il est l'objet, et accroître ainsi le nombre des pieux pèlerins qui fréquentent son ancien sanctuaire.

« Les paroles nous manquent pour rendre tout ce que nous sentons de reconnaissance envers cette aimable Providence, qui a daigné conserver à notre bien-aimé diocèse l'inappréciable trésor du saint Suaire. Il est là toujours, ce monument sacré des souffrances et de la mort de Jésus-Christ; il est là dans cette chère église de Cadouin, sous ses voûtes hospitalières qui l'abritent depuis si longtemps; il est là, tel absolument que le décrivait, il y a plus de deux cents ans, Mgr de Lingendes, tel aussi qu'il a toujours existé dans l'abbaye; il est là, montrant à tous, par la nature de son tissu, son origine orientale; par sa victoire sur le temps et les événements, l'action divine qui protége sa fragile existence; et enfin, par les empreintes toujours visibles du sang et des aromates, et la cruauté des bourreaux et le dévoyement des disciples du Sauveur.

« Et maintenant, nos frères bien-aimés, c'est à vous-mêmes, c'est à vos sentiments de piété que nous venons faire un premier appel. Se glorifier d'un trésor, quand on le possède, c'est peu, il faut en user. Or, comment mettrez-vous à profit la présence du saint Suaire parmi vous? Par le moyen de pieux pèlerinages que vous pouvez faire de temps en temps, selon les loisirs de votre état, au sanctuaire où il repose.

« La pratique des pèlerinages est une des plus anciennes et des plus autorisées qui soient dans l'Eglise ; voilà pourquoi les siècles de foi la tenaient en si grand honneur. Et nous, n'avons-nous pas aussi nos passions à vaincre, nos obstacles à surmonter ? Nos proches et nos amis ne sont-ils plus atteints des maladies de l'âme et des infirmités du corps, dont nous ayons à demander pour eux la guérison ? Eh bien ! voilà ce qui mettait à la main de nos pères le bâton du pèlerin. Ils allaient, pleins d'une foi simple, confiante et soumise, aux sanctuaires bénis que Dieu avait choisis de préférence pour montrer aux hommes sa puissance et la gloire de ses saints. Arrivés, ils priaient, se confessaient et communiaient ; souvent leurs demandes étaient exaucées, et ils revenaient meilleurs.

« Certes, nos très-chers frères, le bras de Dieu n'est pas raccourci, et sa Providence ne permet pas que rien périsse dans son Eglise de ce qui est utile à la sanctification des âmes. Quoique le sens de la foi se soit malheureusement bien affaibli dans le siècle

présent, la pieuse pratique des pèlerinages
semble y avoir retrouvé la faveur qu'elle
avait perdue depuis longtemps; elle se pro-
page de jour en jour dans tous les rangs de
notre société catholique. Pourquoi le sanctuaire de Cadouin, autrefois si renommé, le
plus fréquenté peut-être qu'il y eût en
France pendant deux siècles, pourquoi cet
antique et vénérable sanctuaire serait-il
exclu aujourd'hui de la bénédiction commune? Ah! laissez-nous le dire, nous espé-
rons mieux de la libéralité divine et de la
piété catholique. C'est dans cette confiance
que nous nous proposons de célébrer dans
l'église de Cadouin une grande solennité en
l'honneur du saint Suaire [1]. »

L'objet de cette fête, annoncée par Monseigneur l'Evêque de Périgueux, était la
translation du saint Suaire dans une châsse
nouvelle et magnifique, au milieu d'un concours très-solennel [2]. Il fallait relever cet

---

[1] Lettre pastorale du 29 juin 1866.
[2] La nouvelle châsse du saint Suaire vient des
ateliers de la maison Poussielgue-Rusand, de Paris.
Sa façade extérieure a une longueur de 1m,5o, une

antique pèlerinage ; cette restauration si désirable était depuis plusieurs années dans les vœux de tous.

Cet appel fut entendu de tout le diocèse. Le 5 septembre 1866, dès le matin, une affluence extraordinaire encombrait Cadouin et ses alentours. Ne pouvant trouver place dans les hôtelleries, les pèlerins campaient partout, dans les prés, sous les arbres, au milieu des bois, dans les rues et sur les places publiques. On porte à dix mille le nombre des fidèles accourus en cette circonstance ; deux cent cinquante prêtres entouraient Monseigneur ; enfin, des prélats, venus de loin, ajoutèrent aux pompes de ce jour l'éclat de leur présence : c'étaient NN. SS. Guibert, archevêque de Tours, et Fruchaud, évêque de Limoges. Mgr l'Archevêque célébra la messe solennelle au milieu d'une

profondeur de 0^m,50 et une hauteur de 1^{mi},46. Elle a coûté 1800 fr. C'est un édicule roman, ayant la forme d'une église ou chapelle, dont les deux grandes façades sont divisées par des arcades cintrées, garnies de verres de couleur ; elle est en bronze verni et couverte d'or, depuis le sommet jusqu'à la base.

foule immense, qui remplissait les trois nefs de la vieille église ; à côté des évêques, les prêtres accomplissaient les cérémonies et chantaient les mélodies sacrées. On y voyait des représentants de tout le clergé séculier et régulier ; des membres du chapitre cathédral, des archiprêtres, des doyens, les directeurs des séminaires, les missionnaires diocésains, les Jésuites de Sarlat, les Capucins de Périgueux, enfin les prêtres des paroisses[1]. La cérémonie du soir fut présidée par Mgr l'Evêque de Limoges, et le sermon prêché par un P. Dominicain. La procession solennelle du saint Suaire, qui eut lieu après vêpres, fut touchante : quand la sainte Relique sortit de l'église, portée par quatre prêtres revêtus des habits sacerdotaux, il se fit un grand silence dans l'immense multitude qui était sur la place, et tous les fronts s'inclinèrent avec respect. Les trois pontifes,

---

[1] On y remarqua un grand nombre de religieuses, qui étaient venues en compagnie de leurs élèves, principalement les religieuses de la Congrégation diocésaine de Sainte-Marthe-du-Périgord, établies dans tout le voisinage.

revêtus de chapes d'or, fermaient la marche.
La procession passa sous plusieurs arcs de
feuillage et parcourut des rues jonchées de
fleurs. A peine rentrée dans l'église, Monseigneur monta en chaire pour témoigner à
tous la joie ineffable dont son cœur était
inondé. A la fin de la cérémonie, le saint
Suaire fut transféré dans la belle châsse en
bronze doré, destinée à le renfermer à l'ave-
nir. Cette journée fut belle; elle était
agréable à Dieu, aux anges et aux hommes;
Le pape Pie IX l'avait enrichie des plus
grandes indulgences.

Depuis ce jour, le pèlerinage de Cadouin
a repris quelque chose de son ancien éclat.
Les princes de l'Eglise y sont venus; le
peuple, qui ne l'avait jamais abandonné, y
arrive en foule; on y a vu des étrangers
venus de bien loin, et les grands eux-mêmes
ont senti l'attrait puissant qui les y condui-
sait autrefois [1].

---

[1] Cadouin ne tardera pas à prendre une importance considérable et sera fréquenté comme les grands
pèlerinages de France. Une nouvelle ligne de chemin

Les sanctuaires de Marie sont nombreux et justement fréquentés, mais les reliques vénérables de la Passion de Jésus-Christ sont rares, et Dieu les protége contre les injures du temps. Plus précieux que l'or, le saint Suaire est pour nous la source de richesses infinies. Il nous console dans nos peines et nous soulage dans nos misères ; il guérit nos maladies ; il est notre refuge dans les nécessités publiques. Son histoire nous apprend les grâces et les bienfaits qu'il n'a cessé de prodiguer. Il fut l'objet de la vénération des apôtres : Pierre et Jean le découvrirent dans le sépulcre, Madeleine le toucha, et la Vierge Marie le fit de ses mains.

Allons tous à Cadouin. Imitons nos pères, qui se prosternaient avec foi devant cette relique sacrée. A genoux devant elle, nous obtiendrons la paix de la conscience et la joie de notre âme. Nous demanderons le

de fer venant de Libourne au Buisson, sur la ligne d'Agen, met Cadouin en communication avec Bergerac et le Bordelais.

salut de tous ceux que nous aimons ; nous invoquerons le secours céleste sur les pouvoirs humains, car DIEU, dit l'Ecriture, a fait les nations guérissables. Puisque le Suaire est un signe de mort, nous prierons aussi pour les défunts, qui peut-être attendent encore nos suffrages. Enfin, nous nous nous souviendrons qu'il est par-dessus tout un signe de vie, et nous solliciterons pour la sainte Église et pour notre patrie toutes les faveurs divines.

X

SYMBOLISME

Les pages précédentes contiennent les événements qui composent l'histoire du saint Suaire de Cadouin. Nous l'avons vu dès les premiers siècles honoré d'un culte public ; nous l'avons suivi à Antioche et en Occident, et nous avons assisté à toutes les grandes manifestations dont il a été l'objet. C'est bien là notre Suaire ; mais ce n'est pas lui tout entier, et le lecteur ne connaîtrait pas suffisamment notre sainte relique, s'il n'entrait avec nous dans une étude plus approfondie, qui lui révélera tout un monde nouveau.

L'âme, dit saint Grégoire, doit s'élever de la connaissance des choses qu'elle voit à l'intelligence de celles qu'elle ne voit pas, de telle sorte que les créatures visibles la conduisent aux réalités invisibles [1]. Tel est le symbolisme : cette science éminemment chrétienne soulève les voiles de la nature et nous révèle les mystérieuses beautés d'un monde surnaturel [2].

Arrêtons-nous à cette étude dans le sujet particulier qui nous occupe, et considérons-en les admirables applications.

La Relique de Cadouin n'offre à l'œil de la chair qu'un simple tissu de fil, teint de sang et d'aromates. Ce frêle lin, né de la terre, n'arrive à une éclatante blancheur qu'après des travaux multipliés, qui le fatiguent et le tourmentent jusqu'à sa parfaite transformation. Il est le symbole du Fils de Marie, véritable *Herbe du Foulon* [3], né

[1] *Homil.* 11 *in Evang.*
[2] S. Denys l'Aréopagite.
[3] Malach. III, 2.

d'une mère mortelle et glorifié par les tourments de la Passion.

Dans l'ancienne loi, le grand-prêtre était revêtu d'une tunique de lin; image du Sauveur, véritable Grand-Prêtre, couvert dans le tombeau du Suaire, sa robe sacerdotale. En souvenir de ce mystère, lorsque le prêtre de la nouvelle loi monte à l'autel pour renouveler le sacrifice de la mort du Seigneur, il doit être vêtu de lin; et l'Eglise a ordonné que le corporal, destiné à soutenir le corps de Jésus-Christ à la messe, fût aussi fait d'un lin très-blanc et très-pur [1]. Pareillement, le chrétien doit être revêtu spirituellement de ce lin précieux, c'est-à-dire de Jésus-Christ lui-même : *Vous avez revêtu le Christ*, dit saint Paul [2].

Cherchons de nouvelles analogies.

Le Suaire est la robe du Christ, son vêtement royal, et à ce titre il est la figure de l'Eglise, dont les fidèles, semblables à des vêtements précieux, doivent être la parure

[1] Durand, *Rational*, livre IV, chap. xxix.
[2] Galat. III, 27.

du Sauveur ; les saints ne forment-ils pas une riche ceinture dont il aime à se revêtir [1] ? Le Suaire, dit Durand de Mende, représente mystérieusement l'Eglise, parce que, comme lui, elle doit être ornée de blancheur et de pureté, et enfin toujours unie et attachée à Jésus-Christ, qui est son chef. Comme le Suaire était attaché sur le visage du Sauveur et enveloppait ses membres, ainsi l'Eglise l'entoure de son amour et de ses louanges.

Quand les soldats étaient au pied de la croix, l'Evangile nous apprend qu'ils tirèrent au sort la tunique de Jésus. Cette tunique était sans couture et d'un seul fil : le Suaire est également d'une seule pièce, ce qui est un nouveau mystère, exprimant la perfection et l'admirable intégrité du corps du Sauveur.

Une vénérable tradition nous apprend que la Vierge Marie avait tissu ce linceul de ses mains délicates ; plusieurs fois elle le baisa

---

[1] Filium hominis præcinctum zonâ aureâ, id est, sanctorum catervâ. (Pontif. Roman., *De ordinatione subdiaconi.*)

et l'arrosa de ses larmes. Le Suaire n'était-il pas une image et un symbole de la Mère de Dieu ? Semblable à Marie, qui posséda pendant neuf mois dans son sein le Fils de Dieu, le Suaire le garda au tombeau pendant trois jours. Marie donna à son Fils la tunique de sa chair immaculée, et le Suaire fut aussi pour le Sauveur une tunique glorieuse d'un lin choisi et brillant. La chair que Marie lui donna était vermeille comme le fruit de la vigne mûri par le soleil ; quand cette chair divine eut perdu son éclat, le Suaire la reçut.

Mais ici que de nouveaux mystères !

Le Suaire, teint de sang et éclatant de blancheur, symbolise admirablement la chair sacrée de Jésus-Christ. Cette chair, disent les Pères, est la tunique qui recouvre sa divinité. Nous lisons dans le livre des Cantiques : *Mon Bien-Aimé est blanc et vermeil* [1]. Or, le Suaire est comme la chair de Jésus, et il a avec elle les plus merveilleux rapports.

[1] Cant. V, 10.

L'Église compare le corps du Sauveur à la tunique que Jacob donna à son fils Joseph. Cette tunique était ornée de fleurs comme notre Suaire. Lorsque Joseph en fut dépouillé par ses frères, ceux-ci, après l'avoir teinte dans le sang, la renvoyèrent à leur père, en lui disant : — *Voyez si c'est bien la tunique de votre fils?* — Et Jacob, la reconnaissant, s'écria : — *C'est la tunique de mon fils; une bête féroce l'a dévoré* [1] ! — Toutes les circonstances de cette touchante histoire se rapportent à la Passion de Jésus-Christ ; et saint Bernard, en faisant une admirable application, s'adresse ainsi au Père éternel : « O Père, reconnaissez la « tunique de votre fils Joseph. Hélas ! une « bête féroce l'a dévoré et a foulé aux pieds « son vêtement. Regardez les cinq déchiru- « res qu'elle y a laissées [2]. » Ces déchirures sont les cinq plaies adorables qui lais-

[1] GENES. XXXVII, 32. — Paleotti met ces paroles dans la bouche de la sainte Vierge : — Fera pessima Synagogæ furentis Filium meum devoravit. (*Sacræ Sindonis explicatio*, cap. 2).

[2] S. BERNARD, Sermo de Passione Domini, cap. 41.

sèrent échapper à flots le sang divin. Ne pouvons-nous pas emprunter les paroles du prophète et du docteur, en montrant au ciel notre sainte relique : — O Père, voyez si c'est bien la tunique de votre Fils ! Une bête féroce l'a dévoré et a foulé aux pieds son vêtement. Regardez les traces de son sang sur la robe que sa mère lui avait donnée !

Le sang divin de la Rédemption a coulé sur le Suaire et l'a enrichi, en lui donnant une valeur infinie; ce linge sacré est plus précieux que s'il contenait tous les trésors de la terre; l'or, les perles, les diamants n'ajouteraient rien à son prix. Empourpré de ce sang, il est à jamais embelli et glorifié. *La vie est dans le sang*, disent nos saints Livres[1]; et « le sang de Jésus est sa subs- « tance, la source et le foyer de sa vie; il « est lui-même[2]. »

La vue de ce linceul rougi excite l'amour

[1] Anima carnis in sanguine est. (LEVIT. XVII, 11.)
[2] Mgr BAUDRY, *Le Cœur de Jésus*. Voyez le cha-pitre intitulé : *Une goutte de sang.*

et la compassion; l'âme se liquéfie devant ce trophée de la charité, qui montre à nos regards les plaies de Jésus, ses tourments et ses supplices. En attestant les souffrances de l'Homme-Dieu, le Suaire nous prêche hautement qu'*il n'y a pas de plus grand amour que de donner sa vie pour ceux qu'on chérit*[1], et que *l'amour est plus fort que la mort*[2]. Il nous enseigne encore la grandeur de nos iniquités et le devoir de l'expiation, puisqu'une telle victime a été nécessaire pour le salut du monde.

Enfin, le Suaire porte l'empreinte et la trace des parfums et des aromates de la sépulture, pour nous rappeler la piété des saintes femmes et la douleur de la Vierge Marie. Ce sont elles qui disposèrent toutes les choses nécessaires aux funérailles de Jésus; heureuses de lui rendre ce suprême devoir. Marie reçut dans ses bras le corps de son Fils, comme on le détachait de la croix; et, aidée de ses compagnes, elle le transporta

---

[1] Joan. XV, 13.
[2] Cant. VIII, 6.

sur la pierre de l'Onction [1]. C'est là, qu'elle donna un libre cours à sa tendresse, en lui prodiguant les derniers hommages.

Mais le plus grand des enseignements est celui de la mort et de l'ensevelissement de notre Sauveur. L'ensevelissement de Jésus-Christ est le propre esprit de la vie chrétienne; c'est ce Suaire moral qui est symbolisé par le Suaire physique. *Vous êtes ensevelis avec le* Christ *par le baptême,* dit saint Paul [2]; car, de même que Jésus-Christ, enseveli dans le tombeau, était mort à toutes les choses de ce monde, ainsi le chrétien reçoit au baptême un esprit qui le met dans l'obligation de mourir à toutes les choses de la terre.

Or, si le Suaire est un signe de mort, il est par-dessus tout un signe de résurrection et de vie, car cette mortification est le pré-

[1] Cette pierre de l'Onction était à treize pas de la croix; on la voit encore aujourd'hui. Elle avait été recouverte d'un linge, sur lequel on embauma le corps du Sauveur. (Mgr Mislin, *Les Saints Lieux,* t. II, page 266.)

[2] Coloss. II, 12.

lude d'un triomphe. La mort a été vaincue au Calvaire, et si nous partageons les humiliations du Sauveur, nous aurons part nécessairement à sa gloire. Celui qui était enseveli dans le sépulcre était la vraie lumière : elle ne resta pas longtemps cachée ; elle sortit éclatante au bout de trois jours. Dès l'aurore, Jésus se lève du tombeau, rejette son Suaire et prend possession de sa gloire. Le Suaire reste dans le sépulcre pour rendre un éclatant témoignage à la Résurrection [1] ; les anges le mettent à part; ils disposent les autres linges de la sépulture, et quand les saintes femmes reviennent au tombeau, elles ne trouvent plus aucune marque de deuil et de tristesse ; le temps des larmes est passé, et elles livrent leur cœur à une joie qui n'aura pas de terme.

« O Madeleine, dites-nous ce que vous « avez vu dans votre course matinale ? — J'ai « vu le sépulcre du CHRIST désormais vivant ;

---

[1] Les Pères de l'Eglise et les commentateurs de l'Evangile disent que le Suaire laissé dans le tombeau était une preuve de la résurrection. (*Vid.* S. CHRYSOST. Hom. 48, *In Joan.*)

« j'ai vu la gloire du Ressuscité ; j'ai vu les
« témoins de son triomphe, les anges, le
« Suaire et les autres vêtements funèbres[1]. »

Avec cette lumière, le Suaire renferme
une grande vertu ; car, linge vulgaire en
apparence, il a remué le monde et opéré
des prodiges sans nombre ; il montre la
puissance et la divinité de Celui qui voulut
en faire son vêtement, et il ne faut pas
s'étonner si les foules sont venues si souvent
le vénérer avec amour.

C'est ici la fin de notre étude. Parti de
l'Orient, nous avons vu le saint Suaire
arriver en Périgord, où un monument
multiple lui a été élevé : monument d'archi-
tecture, de sculpture et de peinture dans
le cloître et l'église ; monument de respect,
de culte et d'amour dans les actes des
papes, des pontifes, des rois et des peuples ;
monument liturgique dans les offices et la
confrérie ; monument de consécration surna-
turelle dans les miracles innombrables que
DIEU a daigné opérer par lui ; enfin, monu-

---

[1] *Missel Romain.* Prose de Pâques.

ment historique dans tous ces témoignages réunis. Il ne restait plus qu'à le considérer en lui-même et dans ses mystérieuses significations.

Terminons par les paroles d'une prière qui a retenti bien longtemps sous les voûtes de Cadouin en l'honneur de la sainte Relique : — « Salut, ô saint Suaire du « Christ! Vous avez été consacré en enve- « loppant le corps de Jésus et en entourant « ses blessures sanglantes au jour de sa « mort. Vous avez gardé un moment le prix « de notre rachat, et vous l'avez donné en- « suite comme gage de notre salut.

« O vêtement digne de louanges, le Maître « de la vie s'est reposé en vous ; il y a mis « sa chair douce et tendre, pour anéantir « la mort.

« O vêtement éclatant de blancheur, vous « avez reçu la consécration par le corps de « Jésus, comme Marie avait reçu de lui sa « fécondité.

« O vêtement du Christ, vous brillez « comme le lis, et rien ne peut amoindrir « ni votre intégrité, ni votre blancheur.

« O vêtement noble et saint, vous méritez
« toute gloire et vous êtes comparable à l'or,
« parce que vous triomphez des siècles.

« O vêtement doux et hospitalier, si la
« croix, les clous et la couronne méritent
« tout honneur, vous en méritez plus encore.

« O vêtement précieux et sacré, une fon-
« taine d'amour a été cachée en vous pour
« laver les iniquités causées par la malice du
« séducteur.

« Béni soit le Suaire du Christ, qui est le
« Roi de tous. Il a été son vêtement funèbre
« et il porte encore la trace des doux par-
« fums de la sépulture, qui attendrissent nos
« cœurs[1]. »

[1] Antiennes de l'ancien office du Saint-Suaire de
Cadouin. Il y avait deux offices du Saint-Suaire, celui
du clergé régulier (cistercien) et celui du clergé séculier. Ces deux offices furent réformés au XVIIIe siècle.

NOTES

CANTIQUE

LÉGENDE DU SAINT SUAIRE [1].

Chrétiens, chantons; célébrons la mémoire
Du saint Suaire et du Sauveur Jésus.
Voile funèbre, apprends-nous ton histoire;
Raconte-nous ta gloire et ta vertu.

Refrain :

O saint Suaire
De mon Sauveur !
Je te vénère
Et te donne mon cœur. } *Bis.*

La sépulture.

Venez, chrétiens, et montez au Calvaire,
Où, sur la Croix, Jésus vient de mourir.
Voyez MARIE, apportant le Suaire
Et de ses mains voulant l'ensevelir.

La résurrection.

Trois jours après la sainte sépulture,
Jésus se lève et sort de son tombeau.
Voile divin, sa funèbre parure
Reste témoin d'un triomphe si beau.

Le Suaire.

Voile, tissu par les mains de MARIE,
Mouillé des pleurs et du sang du Sauveur;
Voile embaumé, Relique très-chérie,
Ayant touché son visage et son cœur.

---

[1] Ce cantique populaire de la légende peut se chanter sur l'air du cantique national, dont on connaît partout le refrain : *Dieu de clémence, — Dieu protecteur, — Sauve la France — Au nom du sacré Cœur.*

Son invention.

Un Juif le prit et puis en héritage
A ses deux fils le présente en mourant;
Mais l'héritier, qui l'obtient en partage,
Par sa vertu devient riche et puissant.

Sa préservation.

Bientôt après, enveloppé de flamme,
Il ne craint pas les atteintes du feu;
L'ardent brasier a respecté sa trame;
Il en triomphe, il sort miraculeux.

Son transport.

Quand les Croisés montrent leur beau courage,
La Providence ordonne son transport.
De l'Orient il laisse le rivage,
Passe les flots et vient en Périgord.

Sa gloire.

Venez, venez adorer la Relique;
Vous, puissants rois, pontifes pèlerins,
Visitez tous l'auguste basilique;
Peuples, venez des bords les plus lointains.

Ses miracles.

Gloire à Cadouin! Cadouin, où le miracle
A si souvent récompensé la foi.
Approchez-vous; voici le tabernacle,
Le lieu choisi de notre divin Roi.

Sa vertu.

Voile empourpré de ce sang adorable
Qui, sur la Croix, du monde est le trésor;
Voile béni! Relique incomparable,
Préserve-nous de la mauvaise mort!

Prière à Marie.

Vierge MARIE, ô Mère désolée!
Sur votre Fils vous pleurez avec nous.
Consolez-nous, ô Mère bien-aimée;
Les malheureux ont tous recours à vous.

Prière à Jésus.

O doux JÉSUS, par votre saint Suaire,
Par votre sang, vos larmes, vos sueurs,
Accordez-nous un repentir sincère;
Régnez sur nous; attirez tous les cœurs.

PRIÈRES

LITANIES

EN L'HONNEUR DU SAINT SUAIRE DE CADOUIN

Seigneur, ayez pitié de nous.

CHRIST, ayez pitié de nous.

Seigneur, ayez pitié de nous.

CHRIST, écoutez-nous.

CHRIST, exaucez-nous.

DIEU le Père, du haut des cieux, ayez pitié de nous.

DIEU le Fils, Rédempteur du monde, ayez pitié de nous.

DIEU le Saint-Esprit, ayez pitié de nous.

Trinité sainte, qui êtes un seul DIEU, ayez pitié de nous.

Sainte MARIE, conçue sans péché, priez pour nous.

Relique des reliques, préservez-nous de la mauvaise mort.

Suaire de la tête de Notre-Seigneur JÉSUS-CHRIST, préservez-nous de la mauvaise mort.

Suaire, que Marie-Madeleine et les deux anges virent dans le sépulcre, préservez-nous.

Suaire, que saint Jean vit dans le monument séparé des autres linges, préservez-nous.

Suaire d'honneur, préservez-nous.

Suaire, fait par les mains de la Bienheureuse
  Vierge MARIE,
Suaire royal,
Suaire, vêtement précieux,
Suaire, où reposa après sa mort la chair imma-
  culée du roi du monde,
Suaire, notre louange,
Suaire, notre salut,
Suaire, notre joie,
Suaire, notre sanctuaire,
Suaire, tabernacle du Pasteur des pasteurs,
Suaire, sépulcre nouveau et pur du Seigneur,
Suaire, sépulcre glorieux,
Suaire, sépulcre précieux,
Suaire, sépulcre adorable,
Suaire, sépulcre vénérable,
Suaire, sépulcre digne d'honneur,
Suaire, trône du pacifique Salomon,
Suaire, couche fleurie de l'épouse,
Suaire, couche de Salomon gardée par soixante
  vaillants,
Suaire, où l'Agneau sans tache, le CHRIST
  immolé, a reposé pendant trois jours,
Suaire, tabernacle d'alliance,
Suaire, arche du Testament,
Suaire, miroir de patience,
Suaire, miroir d'obéissance,
Suaire, miroir de pauvreté,
Suaire, miroir de pitié,
Suaire, miroir insigne de dévotion,
Suaire, miroir de la divine justice,

Préservez-nous de la mauvaise mort.

Suaire, miroir de la mort du CHRIST,
Suaire, plein d'amabilité,
Suaire, plein de célébrité,
Suaire, orné de miracles,
Suaire, faisant des prodiges,
Suaire, lumière des aveugles,
Suaire, oreille des sourds,
Suaire, langue des muets,
Suaire, bâton des boiteux,
Suaire, médecine des infirmes,
Suaire, salut des malades,
Suaire, consolation de ceux qui souffrent,
Suaire, qui chasse la peste,
Suaire, soutien des obsédés,
Suaire, terreur des démons,
Suaire, résurrection des morts,
Suaire incorruptible, que le feu ne toucha pas,
Suaire, drapeau triomphant,
Suaire impénétrable aux traits,
Suaire, bouclier du salut,
Suaire, fort inexpugnable,
Suaire, honneur des princes,
Suaire, magnificence des rois,
Suaire, gloire des peuples,
Suaire, trésor des chrétiens,
Suaire, semblable au sein de MARIE,
Suaire, rempli de grâces,
Suaire, gardant le Seigneur,
Suaire, avec nous dans la vertu,
Suaire, avec nous dans le combat,
Suaire, avec nous dans le secours,

Préservez-nous de la mauvaise mort.

Suaire, paradis de délices,

Suaire, jardin fermé de l'Epoux et de l'Epouse,

Suaire, rempli de parfums,

Suaire, répandant l'odeur du baume,

Suaire, précieux comme l'encens,

Suaire, empourpré de sang,

Suaire, qui donne la componction à l'âme,

Suaire, pressoir de la charité,

Suaire, manteau d'Elie laissé sur la terre,

Suaire, où le CHRIST en mourant a détruit la mort,

Suaire, où en ressuscitant il a réparé notre vie,

Suaire, d'où il est monté des enfers en vainqueur,

Suaire, cause de notre joie,

Suaire, siége de sagesse,

Suaire, escabeau des pieds du CHRIST,

Suaire, corporal très-sacré,

Suaire, où reposa l'humanité du CHRIST,

Suaire, robe d'allégresse,

Suaire, gage de la gloire éternelle,

Suaire, notre ombrage au jour du jugement,

Suaire, doux rafraîchissement,

Suaire, repos de ceux qui sont dans la tribulation,

Suaire, refuge des affligés,

Suaire, consolation des malheureux,

Suaire, port des naufragés,

Suaire, voile des matelots,

Suaire, espoir des voyageurs,

Suaire, couronne des Français,

Préservez-nous de la mauvaise mort.

Suaire, gardien du Périgord,
Suaire, défense des royaumes,
Suaire, protection de tous ceux qui recourent
   à vous,
Suaire de Notre-Seigneur Jésus-Christ,
Suaire de Notre-Seigneur Jésus-Christ,
Suaire de Notre-Seigneur Jésus-Christ,

Préservez-nous.

PRIONS

O Seigneur Jésus, qui, parmi les insignes marques de votre amour, nous avez laissé le très-saint Suaire de votre tête, accordez-nous, qu'après l'avoir vénéré sur la terre, nous puissions mériter votre gloire dans le ciel. Vous qui vivez et régnez dans les siècles des siècles. Ainsi soit-il. (*40 jours d'indulgence.*)

ANTIENNE ET ORAISON DU TRÈS-SAINT SUAIRE

O saintes et adorables marques des dernières sueurs de Jésus, vous avez été laissé aux hommes, par un excès de son infinie bonté, pour faire brûler en leur cœur ce feu d'amour qu'il était venu allumer sur la terre. O doux vestiges! ô amoureuses traces de la mort et de la passion du Sauveur de nos âmes, vous êtes demeurés dans l'Eglise comme le divin étendard, comme le sacré drapeau sous lequel se doivent ranger ses enfants pour combattre et vaincre leur plus cruel ennemi, et pour les soulager dans les peines et les travaux de cette vie. Ces sacrés et précieux onguents qui paraissent, sont pour guérir en tout temps les plaies les plus mortelles et les plus incurables qu'ait pu faire à leurs âmes le péché. Accourez, peuples fidèles, et venez adorer ce précieux linge, dans lequel a été enseveli Jésus-Christ.

Que toute la terre vous adore, ô divin Jésus, et chante sans cesse des hymnes et des cantiques en l'honneur de votre saint Suaire.

ORAISON

O doux Jésus, ô Seigneur, ô Roi tout-puissant du ciel et de la terre, Fils du Dieu vivant, qui, mourant amoureusement pour nous, et triomphant glorieusement de la mort et des enfers, avez laissé aux fidèles un si beau gage de votre amour et de si saintes marques de vos combats et de vos victoires, de votre mort et de votre résurrection ; exaucez nos vœux et nos prières, et trouvez-vous, comme vous l'avez promis, au milieu de ceux qui s'assembleront en l'honneur de votre nom et de ces glorieuses marques de votre mort et résurrection ; et accordez-leur promptement ce qu'ils demanderont avec humilité. Par vous, ô doux Jésus, ô mon Dieu, qui, avec le Père tout-puissant et le glorieux Saint-Esprit, vivez et régnez dans les siècles des siècles. Ainsi soit-il.

ANTIENNE DE L'ANCIEN OFFICE DU SAINT SUAIRE

Ave, Syndo speciosa,
Regale Sudarium,
Quo quievit pretiosa
Veri Regis omnium
Christi caro gratiosa ;
Laus, salus et gaudium.
Alleluia. Alleluia. Alleluia.

Salut, linceul précieux, Suaire royal, où reposa la chair divine et immaculée du vrai Roi du monde. Vous êtes notre louange, notre salut et notre joie. *Alleluia.*

CONFRÉRIE DU SAINT-SUAIRE

On croit qu'environ l'an 1140, quelques années seulement après l'arrivée de la sainte Relique à Cadouin, les Souverains-Pontifes instituèrent la Confrérie en l'honneur de JÉSUS-CHRIST et de son saint Suaire. Pendant plus de trois cents ans, elle fut célèbre en France, en Angleterre, en Italie et jusque dans les pays les plus éloignés. En 1535, le pape Paul III la rétablit sur de nouvelles bases et l'enrichit de nouvelles indulgences. Un siècle après, elle était encore déchue et il fallut la relever, en 1644, au temps où l'abbaye réparait ses ruines et renouvelait le culte. Elle a disparu encore, depuis la Révolution; mais Mgr l'Evêque de Périgueux vient de la rétablir, et le pape Léon XIII l'a enrichie de nouvelles indulgences.

Les pèlerins de Cadouin demandent à s'y faire inscrire et à faire léur offrande.

Les Confrères doivent avoir une dévotion spéciale à la Passion de Notre-Seigneur JÉSUS-CHRIST. Ils portent ordinairement sur eux un cordon ou autre objet qui ait touché le saint Suaire. On leur recommande de faire des aumônes à l'église de Cadouin, de réciter tous les vendredis cinq *Pater* et cinq *Ave* en mémoire de la Passion, et de dire avec dévotion les antiennes, oraisons et litanies du saint Suaire.

On conserve, dans les archives de Cadouin, un ancien registre, où se trouvent inscrites les nombreuses réceptions des deux derniers siècles. On y voit toutes les conditions de la société, des seigneurs et des puissants, des évêques, des religieux, des femmes du monde et des ouvriers.

L'Abbaye de Cadouin.

Dans les premières années du XIIe siècle, un célèbre prédicateur passa à Périgueux ; c'était le bienheureux Robert d'Arbrisselle, fondateur du double monastère de Fontevrault. Il se fit entendre devant l'évêque et le chapitre du Puy-Saint-Front, et, à la suite de son *divin sermon* (P. Dupuy), le prélat, Guillaume d'Auberoche, et les chanoines émerveillés, lui offrirent une terre, qu'ils possédaient au bourg de Cadouin, pour y fonder un couvent de religieuses de son ordre, moyennant la redevance annuelle d'une livre d'encens, à la fête de saint Front. Le prédicateur ne voulut accepter qu'un petit domaine. Les seigneurs de Beynac, de Biron et quelques autres du voisinage y joignirent leurs donations. Telle fut la première fondation de Cadouin.

A cette époque, Cadouin n'était qu'une vaste forêt possédée par les seigneurs des environs.

Cependant, Robert d'Arbrissélle ne resta pas dans ce lieu, et peu de temps après son arrivée, de concert avec l'abbesse de Fontevrault, Pétronille de Chemillé, il céda les biens, qu'on lui avait offerts, à Géraud de Sales, son ami, qu'il appelle *son fidèle compagnon et fidèle serviteur au service de* Dieu.

En 1115, celui-ci en avait pris possession. Cet homme vénérable, une des plus pures gloires monastiques du Périgord, était à la recherche des déserts, dit une chronique, pour y fonder des monastères, dont les habitants prenaient le nom d'ermites. Il connaissait le pays, car il était de Sales, petit endroit du Périgord, voisin de Cadouin, et dans sa jeunesse il avait été chanoine de Saint-Avit-Sénieur ; il se mit aussitôt à l'œuvre pour former sa communauté : ses prédications, sa vie austère, ses exemples attirèrent quelques religieux autour de lui « C'était, dit Tarde, un petit monas-
« tère de moines blancs, qui vivaient d'aumônes,
« sous la conduite de l'un d'iceux et sous l'auto-
« rité de l'évêque diocésain. Ils n'avaient d'autre

« église que la chapelle de Saint-Michel, qui
« sert aujourd'hui pour la sépulture des religieux.
« L'évêque de Périgueux leur concéda l'église
« de la Salvetat, pour la posséder à perpétuité,
« laquelle a été depuis paroissiale de Cadouin. »

Une année après, en 1116, Géraud de Sales,
méditant de nouvelles fondations, mettait sa
communauté sous la juridiction de Pontigny,
seconde fille de Cîteaux. Pontigny envoya à Cadouin son premier abbé régulier, nommé Henri,
et devint ainsi la mère de la nouvelle abbaye.
Désormais, les religieux de Cadouin apparte-
naient à l'ordre de Saint-Benoît, sous la réforme
de Cîteaux, dont ils venaient de prendre les
observances et l'habit.

La ferveur des commencements fut grande, si
nous en croyons les documents qui nous restent
de ces premiers temps. Le pape Innocent III
nous apprend que l'abbaye recevait de continuels
accroissements et pour les biens temporels et
pour les faveurs célestes. En moins de vingt ans,
elle fonda sept autres monastères, qu'on appelait les Filles de Cadouin.

Cadouin devint rapidement une abbaye puis-
sante; elle obtint de nombreux priviléges des
papes et des rois, au point que, devenue maî-
tresse d'elle-même, elle forma bientôt, avec les
maisons qu'elle avait fondées, une congrégation
particulière et un ordre distinct. L'institut des
Caduniens se trouva ainsi un peu différent de
celui de Cîteaux, et saint Bernard, dans une

lettre aux évèques d'Aquitaine (126e), fait mention séparée des Cisterciens et des Caduniens. Néanmoins, cette séparation ne pouvait être longue; Pontigny revendiqua ses droits, et, en 1201, l'affaire fut jugée dans une assemblée solennelle tenue à Cadouin, en faveur de Cîteaux.

L'abbaye était située dans la châtellenie de Bigaroque, dont les archevêques de Bordeaux étaient seigneurs. L'un d'eux, Arthur de Montauban, exigea, en signe de supériorité, que l'image de saint André, patron de son église métropolitaine, serait peinte sur la grande verrière de l'église de Cadouin.

Les lettres et les arts se donnèrent rendez-vous dans le petit coin de terre, où l'abbaye était assise. Le peu qui nous reste de sa bibliothèque nous donne une idée de sa richesse et du soin qu'on mettait au moyen-âge à transcrire les livres.

Les saints de Cadouin.

La Vierge MARIE fut toujours vénérée à Cadouin, sous le nom de Notre-Dame de Pitié. Nous savons qu'il y avait autrefois une confrérie instituée en son honneur, et qu'une infinité de personnes se vouant à elle, DIEU opérait un très-grand nombre de miracles par son intercession, comme aussi par celle de plusieurs saints et saintes dont les corps et reliques reposaient à Cadouin. (*Histoire du Saint-Suaire.*)

Après la sainte Vierge, sainte Madeleine doit être regardée comme une des patronnes de Cadouin. Elle y a toujours été en grand honneur, et on la retrouve au cloître, dans la belle page de sculpture qui entoure le siége de l'abbé. Quelle sainte plus connue, plus aimée et plus populaire que Madeleine!

Sa chapelle a perdu son caractère, depuis qu'on y a placé les boiseries de mauvais goût qui la déparent. Il faudrait recommencer l'œuvre du moyen-âge ; au lieu de ces bois noirs, de belles fresques reproduisant la légende de la sainte ; enfin, un autel en pierre (et non en marbre), dans le style voulu, et enrichi d'or et de peintures.

La seconde chapelle, du côté de l'épître, est dédiée à saint Bernard. On sait qu'il visita l'abbaye et qu'il fut l'ami de cette sainte maison. Les moines reconnaissants avaient composé en son honneur un office particulier. Il faut dire de sa chapelle ce que j'ai dit de la précédente. Le nom de saint Bernard est vivant encore dans le pays ; on montre la *Vigne de saint Bernard*; les religieux de Cadouin s'appelaient Bernardins.

Saint Louis, roi de France, était particulièrement honoré à Cadouin, à cause de ses libéralités et de son pèlerinage. Le monastère reconnaissant fit peindre sur la voûte de la salle du trésor, où on les voit encore, les fleurs de lys et les tours de Castille, ces tours donjonnées d'or, que le saint roi, par un sentiment profond d'amour filial, se plaisait à reproduire partout, en souvenir de Blanche de Castille, sa mère.

Enfin, deux moines de Cadouin, sans avoir reçu de culte public, ont été vénérés comme des saints. Le premier, Pierre-Raoul ou Gérard, est inscrit, au 14 mai, du *Ménologe cistercien*. D'après la tradition de Cadouin, écrite dans les livres de l'Ordre, ce moine est le prêtre qui porta la sainte Relique de l'Orient. J'ai déjà dit qu'il fut enseveli dans la chapelle de Sainte-Madeleine et que les pèlerins raclaient son tombeau et en emportaient des parcelles à cause de la grande réputation de sainteté, qu'il avait laissée après lui.

L'autre moine, du nom de Pierre, avait, dans l'église de Cadouin, un tombeau remarquable, que les pèlerins ne manquaient pas de visiter. Il était entré jeune dans le cloître, ayant quitté de bonne heure la maison paternelle par amour du Christ. Austère pour lui-même et très-doux pour ses frères, il donna l'exemple de toutes les vertus monastiques, et il arriva à un si haut degré de sainteté qu'il fit des miracles avant et après sa mort. (*Ménologe cistercien.*) Il fut inscrit au 9 janvier, dans le catalogue des saints.

Depuis que les Lazaristes sont à Cadouin, l'église a un autel dédié à saint Vincent de Paul.

Le Cloître.

Le cloître de Cadouin est un parallélogramme rectangle, entouré d'arcades ogivales, qui reposent sur des colonnes ou piliers à chapiteaux historiés. Il est adossé, au midi de l'église, contre le mur latéral : les galeries du nord et du midi ont huit travées, tandis que celles de l'est et de l'ouest n'on ont que sept; chaque travée reçoit le jour par une fenètre flamboyante, divisée par un ou plusieurs meneaux, dont l'amortissement est formé de moulures contournées en flammes.

Pour visiter ce monument, entrons par la porte légèrement ogivale, qui avoisine l'église. Regardez l'archivolte de cette porte; elle est ornée de moulures géométriques : c'est un beau reste du premier cloître. Sur le même mur, en avançant, vous trouvez quelques arcades soutenues par des colonnes dont les chapiteaux présentent des feuilles, des fruits et des pommes de pin; c'est tout ce qui reste de l'ancien cloître roman, contemporain de l'église.

La galerie orientale est la plus ornée et la mieux conservée. A la voûte de la première travée sont les quatre évangélistes figurés par leurs symboles : l'ange, l'aigle, le lion, le bœuf. Le pilier de droite, qui est double, nous offre un dais magnifique, dont les ornements sont d'une grande délicatesse, et qui devait couvrir une belle statue dérobée à son piédestal. Au-dessous de ce piédestal est un petit bijou de sculpture, peut-être Jonas avec le vaisseau et la tempête.

Les pendentifs de la travée suivante nous montrent les quatre grands prophètes : Isaïe, Ezéchiel, Daniel et Jérémie. Plus loin, c'est toujours Samson, lorsqu'il terrasse un lion, lorsqu'on lui coupe la chevelure et enfin sellé et bridé. Un pendentif manque.

Nous trouvons ici deux magnifiques scènes sur deux piliers qui se regardent. A droite, Job, et à gauche, le mauvais riche. Job est sur son fumier, couvert de plaies; il lutte avec le démon vêtu d'une peau de lion et dont les pieds sont armés de griffes; en outre, il est entouré de reptiles. En haut, les anges avec des harpes chantent la gloire de Dieu et la patience de Job. En face, le mauvais riche est assis à une table somptueuse, à côté d'une femme; il est richement habillé, tandis que le pauvre Lazare se présente avec son escarcelle et son bidon; deux chiens lèchent ses plaies.

La nouvelle travée n'a que deux pendentifs : dans l'un, Abraham va immoler son fils Isaac, mais l'ange arrête son bras; dans l'autre, c'est une barque gracieuse; tout autour du personnage assis au milieu, des anges qui font l'office de pilotes et de rameurs. Les deux nouveaux piliers sont dans un état de dégradation, qui ne permet pas de les décrire.

Avançons : la travée suivante est la plus remarquable de toutes. A la voûte, quatre anges sonnent de la trompette, et au milieu le jugement; le Christ est assis à côté de sa mère avec des anges, qui lui amènent les âmes, figurées par le corps d'un petit enfant.

Les deux piliers offrent la mort du mauvais

riche et celle de Lazare. Le mauvais riche est couché dans un lit somptueux; au-dessus, c'est l'enfer avec ses flammes qui dévorent son corps; il y aussi des bêtes féroces. Lazare, au contraire, est couché sur un lit de fleurs; les anges viennent le prendre et l'enlever au ciel. C'est un groupe achevé. Plus haut, Abraham recevant dans son sein l'âme de Lazare. A ses côtés, des anges qui jouent des instruments de musique.

Nous sommes en face de la belle *porte du Crucifix*. Au sommet, le CHRIST en croix; sur les côtés, un pélican qui nourrit ses petits de son sang, et un phénix renaissant des flammes de son bûcher. La scène du jugement dernier est exposée d'une manière gracieuse et saisissante. Saint Michel terrasse le dragon infernal, et le Fils de DIEU appelle les élus à droite et repousse les damnés à gauche; les élus montent le long de la porte à travers une guirlande de feuilles et de fleurs; de l'autre côté, les réprouvés descendent en fuyant la colère de leur juge; au fond, ils trouvent la gueule ouverte d'un monstre prêt à les dévorer. C'est l'enfer.

La galerie méridionale est beaucoup moins intéressante; celle du couchant est dans le plus mauvais état; il a fallu la soutenir par des murs de maçonnerie. Enfin celle du nord, qui est appuyée contre l'église, est remarquable par le siége de l'abbé, dont tous les détails se rapportent à la Passion.

Ce siége est fleuri; les montants sont composés de feuillages enroulés avec des animaux; les piliers portent des crénaux et ressemblent à des tours. A gauche du siége, on voit la scène du portement de croix. Le Sauveur est couronné d'épines, il est suivi de sa Mère, de Madeleine et des soldats. Le visage de MARIE porte l'expression de la douleur. Plus près du siége, deux soldats assis tirent au sort la tunique de JÉSUS. Au-dessous, Adam et Eve chassés du paradis terrestre; Abel et Caïn, et puis Noé.

De l'autre côté du siége, à droite, sainte Marie-Madeleine est en prière devant un espèce d'autel; elle est à genoux et ses cheveux lui servent de vêtement. Vers elle se dirige une procession de moines, l'abbé en tête, portant sa crosse et se tenant à genoux; les moines ont les mains jointes, dans l'attitude de l'admiration. Les sculptures inférieures ont trop souffert pour les bien expliquer.

Deux bancs de pierre sont établis le long du mur pour les moines, et en face est le petit escabeau où s'asseyait le lecteur.

Nous arrivons à notre point de départ et, à la dernière travée, nous apercevons à un pendentif de la voûte deux anges tenant le saint Suaire. Sur la gauche est la porte qui donnait entrée à l'église; une guirlande de feuilles et de roses est posée sur son arc, et on y voit les armes de France avec le collier de saint Michel, en souvenir de Louis XI.

Avant de quitter cette délicieuse solitude, retournez-vous un instant et jetez un dernier regard sur ces voûtes, ces piliers et ces sculptures. Quelle grâce! Quelle harmonie!

Suaires connus.

Voici les principaux Suaires, dont l'histoire fait mention :

1. *Suaire de Cahors.* — C'est la sainte Coiffe; elle affecte la forme d'un serre-tête, qui s'agrafait sous le menton par une boutonnière, et elle est composés de huit doubles superposés, en fin lin d'Egypte. Il reste encore sur ce Suaire cinq taches de sang, dont deux en dehors et trois en dedans. Elle est appelée avec raison *Suaire de la tête*, quoiqu'elle diffère du *Suaire proprement dit*, qui couvrait le visage. On croit qu'elle fut donnée par Charlemagne à Cahors. Elle est encore aujourd'hui en grande vénération.

2. *Suaire de Compiègne.* — Cette relique était un linceul blanc de douze pieds de long sur quatre de large; elle est appelée par les auteurs *Sindon Domini*. C'est Charles le Chauve qui la transporta d'Aix-la-Chapelle à l'abbaye bénédictine de Compiègne. Pendant la Révolution française, ce Suaire a disparu sans qu'on ait pu le retrouver.

3. *Suaire de Besançon.* — Ce Suaire était composé de deux toiles cousues fort délicatement; son tissu formait un dessin régulier et de genre très-antique, en outre, il portait l'image ou effigie de Notre-Seigneur, vu par devant, les mains

attachées l'une sur l'autre. Il avait huit pieds de long et quatre de large. Cette relique, célèbre par ses miracles, a disparu également pendant la Révolution, et de nombreuses recherches n'ont amené aucun résultat.

4. *Suaire de Turin.* — C'est un linceul long d'un peu plus de douze pieds et large de trois seulement; le tissu est de lin, il est rayé et un peu jauni par le temps; on y remarque quelques taches rousses faites par le sang et les aromates. Ce qui le distingue de tous les autres suaires, c'est qu'il porte deux fois l'image ou effigie de Notre-Seigneur, vu par devant et vu à dos. On croit que c'est le linceul sur lequel on étendit le corps du Sauveur après l'avoir descendu de la croix, et avec lequel on le couvrit pour le porter sur la pierre de l'onction, où il devait être lavé et embaumé. Il est toujours en grand honneur dans la cathédrale de Turin, surtout depuis le miracle de 1532, où il échappa aux flammes. Ses ostensions sont très-rares.

5. *Suaire de Carcassonne.* — Cette relique a la forme d'une serviette ordinaire, ayant deux pieds et demi de long; elle porte tout autour une légère broderie, et, sur un coin, il y a une échancrure, faite avec des ciseaux, par un évêque de Carcassonne. Ce Suaire est conservé dans la chapelle de l'hôpital du Pont.

6. *Suaire de Mayence.* — Ce linge fut donné par sainte Cunégonde à sainte Bilhilde; celle-ci en donna la moitié à l'évêque de Mayence, pour

sa cathédrale, et conserva l'autre moitié pour son monastère d'Altenmünster. Le Suaire de la cathédrale a disparu au commencement de ce siècle, lors de l'invasion française ; celui du monastère a été conservé et il est encore en grande vénération dans la paroisse de Saint-Emmeran.

7. *Suaire de Saint-Jean de Latran.* — Ce Suaire est d'une assez grande dimension, si on en juge d'après son épaisseur, car on ne le fait voir que plié le jour de Pâques. Le tissu, qui est très-fin, porte des fils d'or et quelques taches de sang. Voyez la grande *Histoire du saint Suaire.*

Le Pèlerinage.

Les ostensions du saint Suaire se font régulièrement trois fois l'année : le second dimanche après Pâques, le dimanche de la Pentecôte et le 8 septembre.

Par une disposition particulière de Mgr l'Evêque de Périgueux, l'ostension la plus solennelle a lieu tous les ans, le mardi qui suit le 14 septembre, fête de la Sainte-Croix.

Il y a indulgence plénière les trois jours des ostensions et tous les jours des deux octaves de l'Invention et de l'Exaltation de la Sainte-Croix.

Une indulgence de trois ans et de trois quarantaines est accordée à tous ceux qui viennent prier dévotement devant le saint Suaire.

Enfin, tous les prêtres qui viennent en pèlerinage à Cadouin, ont la faculté de dire la messe votive du Saint-Suaire, sauf les jours de fête double.

Pendant toute la journée de l'ostension, le saint Suaire est exposé aux regards des fidèles ; et, entre les offices, on peut présenter, pour faire toucher à la relique, les objets dont on veut se servir dans la maladie ou qu'on veut garder avec dévotion. Le soir il y a toujours une procession solennelle où le saint Suaire est porté sous le dais.

AVIS. — 1. Pour tout ce qui regarde le pèlerinage de Cadouin, il faut s'adresser à *M. le Supérieur des Missionnaires de Cadouin* (Dordogne).

2. Les personnes qui veulent faire dire à Cadouin des messes, à jour et heures fixes, doivent prévenir *quelques jours d'avance* M. le Supérieur.

3. Aux jours des ostensions, et principalement à la grande fête de septembre, les pèlerins trouveront à Cadouin un nombre suffisant de confesseurs.

4. On trouve à Cadouin la médaille du saint Suaire de toutes les dimensions (cuivre et argent), des images du saint Suaire avec d'autres objets de piété, la *Notice* sur le saint Suaire et la grande HISTOIRE DU SAINT SUAIRE.

TABLE DES MATIÈRES

www.ingramcontent.com/pod-product-compliance
Lightning Source LLC
Chambersburg PA
CBHW051719090426
42738CB00010B/1982